Dennis Metz

DEVISEN-HANDEL

Geld verdienen am größten Finanzmarkt der Welt

FinanzBuch Verlag

simplified

Gesamtbearbeitung: Druckerei Joh. Walch
Lektorat: Dr. Renate Oettinger
Druck: Konrad Triltsch, Ochsenfurt

3., unveränderte Auflage 2011

Nymphenburger Straße 86
80636 München
Tel. 089 651285-0
Fax 089 652096
info@finanzbuchverlag.de

Den Autor erreichen Sie unter:
metz@finanzbuchverlag.de

Bibliografische Information der Deutschen Bibliothek: Die Deutsche Bibliothek verzeichnet diese Publikation in der Deutschen Nationalbibliografie; detaillierte bibliografische Daten sind im Internet über **http://dnb.ddb.de** abrufbar.

ISBN: 978-3-89879-189-2

Dennis Metz

Devisenhandel

TITEL DER SIMPLIFIED-BUCHREIHE

Matthias von Arnim
Erfolgreich mit Aktien – simplified

Herbert Autengruber
Aktienfonds für jedes Anlageziel – simplified

Holger Bengs, Mike Bayer
Investieren in Biotechnologie – simplified

Lawrence A. Cunningham
Value Investing – simplified

Pierre M. Daeubner
Alles was Sie über Technische Analyse wissen müssen – simplified

Ed Downs
Die besten Chartmuster – simplified

Christian Eck/Marcel Langer/Matthias Riechert
Eurex – simplified

Heinrich Eibl
ETFs – simplified

Horst Fugger
Börsen-Lexikon – simplified

Horst Fugger
Derivate-Lexikon – simplified

Markus Gunter
Erfolgreich mit Investmentfonds – simplified

Walter Hubel
Mehr Geld im Alter – simplified

Markus Jordan
Zertifikate – simplified

Jay Kaeppel
Die 4 größten Fehler beim Handel mit Optionen – simplified

Dennis Metz
Devisenhandel – simplified

Markus Miller
Abgeltungssteuer – nein danke! – simplified

David Morgan
Insiderwissen: Silber – simplified

John J. Murphy
Charttechnik leicht gemacht – simplified

Oliver Paesler
Technische Indikatoren – simplified

Melvin Pasternak
Die 21 wichtigsten Candlestick-Formationen – simplified

Richard Pfadenhauer
Alles, was Sie über Derivate wissen müssen – simplified

Michael J. Plos
Daytrading – simplified

Georg Pröbstl
Die besten Dividendenstrategien – simplified

Michael Proffe
Die besten Trendfolgestrategien – simplified

Udo Rettberg
Rohstoffe – simplified

Stefan Riße
CFDs – simplified

Raimund Schriek
Besser mit Behavioral Finance – simplified

Holger Scholze
Hebelprodukte – simplified

Antonio Sommese
Die richtige Finanzplanung – simplified

Daniel Wilhelmi
Emerging Markets – simplified

www.simplified.de

– Meinen Freunden –

simplified

Inhalt

simplified

DIE SIMPLIFIED-BUCHREIHE

WWW.SIMPLIFIED.DE

EINE ZUSAMMENARBEIT VON FINANZBUCH VERLAG UND INVESTOR VERLAG

simplified

Einleitung

Der Devisenmarkt ist einer der liquidesten Märkte der Welt – und dennoch wurde er von Privatanlegern bisher weitestgehend ignoriert. Dabei kommt man auch als Privatperson auf Reisen ständig mit fremden Währungen in Kontakt: Nicht selten verändert sich der Wechselkurs in den wenigen Tagen oder Wochen, in denen man im Urlaub ist. Bewegt sich der Kurs zu den eigenen Gunsten, kommt man schnell auf die Idee, von den Währungsschwankungen auch im großen Stil zu profitieren.

Der Entschluss, mit Devisen auch professionell zu handeln, ist somit gar nicht so weit entfernt. Während der Handel mit Aktien unter Privatpersonen inzwischen auch in Deutschland eine weite Verbreitung gefunden hat, fristet der Handel mit Devisen nach wie vor ein Nischendasein. Aufgrund der zahlreichen Fx-Broker ist der Devisenhandel aber inzwischen auch für private Trader problemlos möglich.

Obwohl das Handeln mit Devisen unter professionellen Tradern längst nicht mehr als exotisch betrachtet wird, besteht bei vielen privaten Händlern nach wie vor Unsicherheit über die wichtigsten Begriffe und die fundamentalen Zusammenhänge. Dieses Buch wendet sich an Personen, die sich für den Devisenhandel interessieren und ein grundlegendes Wissen aufbauen möchten. Die folgenden Seiten sollen dem Einsteiger das Wissen liefern, das er benötigt, um die Funktionsweise des Devisenmarktes zu verstehen, und als Fundament dienen, falls man sich dem professionellen Devisenhandel zuwenden möchte.

Ich wünsche allen Lesern viel Spaß beim Lesen und Durcharbeiten des Buches und vor allem natürlich – sollten Sie sich nach der Lektüre für den Handel am Devisenmarkt entscheiden – viel Erfolg beim Handel!

Januar 2007
Dennis Metz

simplified

1 Getting started

Bevor das Buch detailliert auf den Devisenmarkt und den Handel mit Währungen eingeht, soll in diesem ersten Kapitel zuerst einmal ein grundlegendes Verständnis geschaffen werden, womit am Devisenmarkt überhaupt gehandelt wird. Während am Aktienmarkt das gehandelte Instrument – eine Aktie – vergleichsweise leicht verständlich und durch die öffentliche Aufmerksamkeit der vergangenen Jahre einem breiten Personenkreis bekannt ist, haben viele Einsteiger beim Devisenhandel eine Reihe von Verständnisproblemen. Was genau wird gehandelt? Was kaufe und verkaufe ich am Devisenmarkt?

Dies lässt sich gut mit einer Analogie zum Aktienmarkt erklären: Während man am Aktienmarkt sein Geld gegen eine Aktie tauscht, werden am Devisenmarkt zwei Währungen gegeneinander getauscht. Wenn Sie beispielsweise eine Telekom-Aktie an der Frankfurter Börse für 15 Euro kaufen, tauschen Sie Ihre 15 Euro gegen eine Telekom-Aktie ein. Die Gegenpartei der Transaktion macht genau das Gegenteil: Sie tauscht ihre Telekom-Aktie gegen 15 Euro ein. Sie besitzen in Ihrem Depot nun eine Telekom-Aktie, und Ihr Kontostand weist 15 Euro weniger auf.

Genauso verhält es sich am Devisenmarkt. Hier tauschen Sie eine Währung gegen eine andere ein, beispielsweise einen Euro gegen 1,20 US-Dollar. Ihr Euro-Kontostand wird um einen Euro reduziert, dafür werden Ihnen 1,20 US-Dollar auf Ihrem Konto gutgeschrieben. Hat Ihr Kontostand am Anfang beispielsweise 100 Euro betragen, besitzen Sie nun nur noch 99 Euro. Neben den 99 Euro besitzen Sie in Ihrem Konto nun aber auch 1,20 US-Dollar.

Das Tauschverhältnis zwischen zwei Währungen wird auch als Wechselkurs bezeichnet. Vereinfacht ausgedrückt ist der Handel mit Devisen somit nichts anderes als eine Tauschtransaktion zwischen zwei Währungen, eine Währung wird in eine andere Währung getauscht. Eine Devisentransaktion wird als Vereinbarung zwischen zwei Parteien definiert, einen bestimmten Betrag einer Währung gegen den bestimmten Betrag einer anderen Währung zu einem bestimmten Datum zu tauschen.

Meist ist der Grund einer Devisentransaktion allerdings nicht der tatsächliche Bedarf an der anderen Währung. Vielmehr ist es in der Regel eine Spekulation auf eine Veränderung des Austauschverhältnisses. Ändert sich der Wechselkurs in dem oben genannten Beispiel auf 1,10 US-Dollar, erhält man für jeden Euro nun nur noch 1,10 US-Dollar. Für das zuvor geschilderte Beispiel bedeutet dies, dass der Händler für seine 1,20 US-Dollar nun mehr als einen Euro bekommt. Der Wechselkurs hat sich somit zu seinen Gunsten entwickelt. Tauscht er seine 1,20 US-Dollar zurück in Euro, realisiert er einen Gewinn, und der Kontostand beträgt nun über 100 Euro. Die genaue Funktionsweise, die Berechnung des Gewinns und viele weitere Informationen zu diesem vereinfachten Beispiel werden im Laufe des Buches erklärt.

Neben dieser einfachen Transaktion wird am Devisenmarkt eine Vielzahl von weiteren – in der Regel komplexeren – Transaktionen durchgeführt. Diese sind für den privaten Händler aber in der Regel nicht verfügbar und werden daher im Laufe des Buches nur am Rande erläutert. Dazu gehören vor allem Outright Forwards und Swaps, wobei es sich um Termingeschäfte mit Devisen handelt.

simplified

2 Devisenmarkt

2.1. Geschichte und aktuelle Entwicklung des Devisenmarktes

Ein Leben ohne Geld ist heute unvorstellbar, da es eine Vielzahl an Funktionen erfüllt: Es ist anerkanntes Tauschmittel, eine Recheneinheit, mit der Güter und Leistungen vergleichbar werden, und ein Wertaufbewahrungsmittel.

Bevor »Geld« seine heutige Form erreichte, hatte es eine mehrere tausend Jahre lange Entwicklungsgeschichte durchgemacht. Das erste Zahlungsmittel stammt aus der Zeit um etwa 4500 v. Chr. Zu dieser Zeit wurde Silber als Zahlungsmittel verwendet. Erste Preislisten wurden vermutlich circa 1500 v. Chr. verwendet. Münzen kamen das erste Mal im siebten Jahrhundert v. Chr. auf. Im Gegensatz zu den heutigen Scheidemünzen entsprach bei den damaligen Währungsmünzen der Edelmetallgehalt allerdings ihrem Nennwert. Papiergeld wurde vermutlich im neunten Jahrhundert in China erfunden, in Europa dagegen wird es erst seit etwa 300 Jahren verwendet.

Seitdem es Geld gibt, besteht auch der Bedarf, Geld unterschiedlicher Herkunft (also Währungen) gegeneinander zu tauschen. Das folgende Kapitel gibt einen Überblick über die jüngere Geschichte und die wesentlichen Ereignisse des Währungsmarktes. Den Devisenmarkt, wie er heute existiert, gibt es in diese Form erst seit einigen Jahren. Bis vor nicht allzu langer Zeit wurden Devisen in fixen Relationen gehandelt, das heißt, es bestand ein festes Tauschverhältnis zwischen zwei Währungen. Flexible Wechselkurse, wie sie heute zwischen den größten und wichtigsten Währungen üblich sind, gibt es erst seit einigen Jahren.

Die jüngere Geschichte des Devisenhandels hat ihren Ursprung im **Goldstandard**. Dieser bestand mit einer kurzen Unterbrechung zwischen den beiden Weltkriegen von etwa 1880 bis 1939. Beim System des Goldstandards wurde eine Währung durch Goldbestände gesichert. Ein Geldschein stellte einen Anspruch auf eine bestimmte Menge Gold dar. Dieses Tauschverhältnis zwischen Geld und Gold war konstant. Da der Preis für Gold auf der ganzen Welt mehr oder weniger identisch ist, bestanden somit auch zwischen den einzelnen Währungen feste Wechselkurse.

Das System des Goldstandards brach im Lauf des Zweiten Weltkriegs infolge von ungedeckten Gelderhöhungen zusammen. Die Geldnoten emittierenden Banken stellten nicht weiter sicher, dass das ausgegebene Geld durch die entsprechende Goldmenge gedeckt war. Somit wuchs die Geldmenge, wobei die Goldmenge konstant blieb.

Der Goldstandard wurde schließlich 1944 durch das **Bretton Woods Agreement** abgelöst. In diesem internationalen System diente nicht länger Gold als Sicherheit für eine Währung, sondern der US-Dollar. Die teilnehmenden Währungen konnten jederzeit in einer festen Relation (+/– ein Prozent) zum US-Dollar getauscht werden. Somit waren auch die Wechselkurse zwischen einzelnen Währungen fix. US-Dollar-Bestände wiederum konnten jederzeit zu einer fixen Rate in Gold getauscht werden (35 Dollar je Unze). Der goldhinterlegte US-Dollar diente somit international als Leit- und Ankerwährung.

Das Bretton-Woods-System hatte über 25 Jahre Bestand. Bereits im Laufe der 60er-Jahre erhöhte sich aber das Zahlungsbilanzdefizit der USA deutlich, und divergierende Wachstumsraten zwischen den teilnehmenden Staaten sorgten für Spannungen. 1961 kam es schließlich zu einer ersten Anpassung des Wechselkurses zwischen der deutschen Mark und dem US-Dollar, Ende der 60er zu einer Reihe von weiteren Anpassungen. Anfang der 70er-Jahre brach das System schließlich zusammen.

Nach einer Übergangsphase wurde schließlich der **Europäische Wechselkursverbund** gegründet. Das auch als »Währungsschlange« bezeichnete System zeichnete sich durch enge Paritäten (+/– 2,5 Prozent) zwischen den einzelnen Währungen innerhalb der europäischen Wirtschaftsgemeinschaft aus. Wechselkurse gegenüber dem US-Dollar waren dagegen bereits flexibel. Das System hatte nur bis 1979 Bestand und wurde schließlich durch das Europäische Währungssystem abgelöst. Hierbei bestanden keine festen Wechselkurse zwischen den europäischen Währungen mehr, sondern fixe Relationen der einzelnen Währungen gegenüber dem fiktiven Währungskorb ECU. Der Wert eines ECU errechnete sich aus dem gewichteten Durchschnitt eines festgelegten Korbes von Währungen aus den teilnehmenden Ländern.

Im Vertrag von Maastricht wurde 1991 schließlich die Grundlage für die europäische Gemeinschaftswährung **Euro** gelegt, welche die nationalen Währungen der teilnehmenden Länder ablöste. Der Euro wurde schließlich 1999 eingeführt und löste den ECU ab. Unter den wichtigsten Währungen herrschen seitdem flexible Wechselkurse.

Im Zuge der Globalisierung hat sich das gehandelte Volumen in den vergangenen Jahren stark erhöht (vgl. Abbildung 1). Das durchschnittliche tägliche Volumen am Devisenmarkt betrug 1989 noch rund 590 Milliarden US-Dollar. Dies stieg bis auf geschätzte 1.880 Milliarden US-Dollar pro Handelstag in 2004 an. Für den starken Anstieg seit 2001 werden von vielen Marktbeobachtern unter anderem Hedge-Fonds verantwortlich gemacht. Aber auch die zunehmende Wahrnehmung von Devisen als Asset-Klasse hat den starken Volumenzuwachs unterstützt.

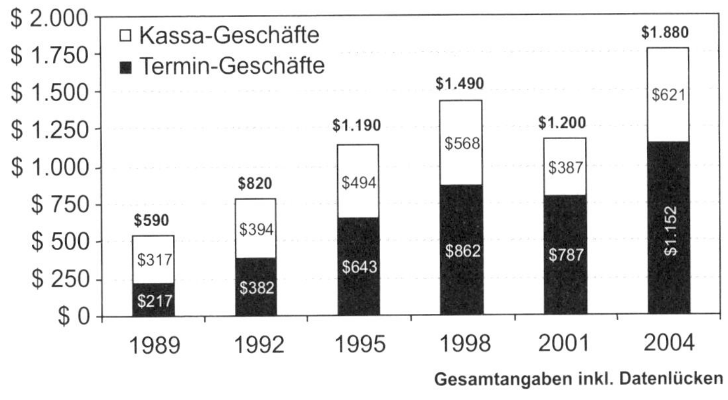

Abb. 1: Durchschnittliches tägliches Volumen am Interbankenmarkt in Milliarden US-Dollar (Quelle: BIS, 2004)

2.2. Marktteilnehmer und Gründe für Transaktionen

Innerhalb der **Banken** gibt es eine Vielzahl an verschiedenen Gruppen, die mit Devisengeschäften in Kontakt kommen. Primär sind dies Händler, die aktiv mit Devisen handeln. Diese führen beispielsweise Kundenaufträge aus, agieren als Market-Maker oder handeln auf Rechnung der Bank. Aber auch **Investmentgesellschaften** oder Hedge-Fonds sind mittlerweile große Player im Devisenmarkt. Zum Teil spekulieren diese ebenfalls auf Wechselkursschwankungen oder aber benötigen zumindest Devisen, um Wertpapiere in fremden Währungen handeln zu können. Dabei ist festzustellen, dass sich ein Großteil des Volumens auf immer weniger Banken konzentriert. In Deutschland sind beispielsweise lediglich vier Banken für ungefähr drei Viertel der Umsätze am Devisenmarkt verantwortlich.

Zentralbanken nehmen ebenfalls am gewöhnlichen Devisenhandel teil. Des Weiteren greifen Zentralbanken aber von Zeit zu Zeit auch mit der Absicht in den Markt ein, den Wechselkurs in eine bestimmte Richtung zu bewegen und eine vermeintliche Marktstörung zu korrigieren. Dies wird auch als Intervention bezeichnet und hat aufgrund der Marktmacht der Zentralbanken in der Regel eine heftige Bewegung des Wechselkurses zur Folge. Untersuchungen haben aber gezeigt, dass diese Eingriffe meist nur temporär Erfolg hatten.

Der Einfluss der klassischen (Voice-)**Broker** hat in den vergangenen Jahren stark abgenommen, da immer mehr Volumen über elektronische Handelsplattformen wie EBS gehandelt wird. Gerade bei exotischen Währungen oder großen Summen wird zwar nach wie vor auf das Telefon zurückgegriffen, im alltäglichen Handel beträgt der Anteil der elektronischen Systeme aber bereits geschätzte 90 Prozent.

Obwohl sich der Anteil von realwirtschaftlichen Transaktionen nicht zweifelsfrei bestimmen lässt, wird er auf maximal zehn Prozent des Volumens geschätzt, wobei die meisten Quellen von weniger als fünf Prozent ausgehen. Diese Transaktionen lassen sich größtenteils auf **internationale Konzerne** zurückführen. Im Rahmen der Globalisierung kommen große Industrie- und Serviceunternehmen mit einer Vielzahl von

Währungen in Kontakt. Da Güter und Dienstleistungen häufig in der lokalen Währung abgerechnet werden, besteht bei den Unternehmen zunehmender Bedarf an Devisentransaktionen.

Ein Großteil aller Transaktionen am Devisenmarkt geht nicht auf realwirtschaftliche Vorgänge und Transaktionen zurück, sondern beruht auf spekulativen Motiven. Der Devisenmarkt wird von einigen großen Geschäfts- und Investmentbanken sowie den Zentralbanken dominiert. Diese bilden gemeinsam den Kern des Devisenmarktes, der im folgenden Kapitel 2.3 vorgestellt wird.

2.3. Interbankenmarkt

Einer der Hauptunterschiede zwischen dem Handel mit beispielsweise Aktien und Devisen besteht in der Handelsweise. Während Aktien in der Regel an einer Börse gehandelt werden, werden Devisen »Over the Counter« (OTC) gehandelt. Es gibt keinen Marktplatz, der Angebot und Nachfrage wie eine Börse bündelt, sondern die Handelspartner handeln direkt miteinander. Möchte beispielsweise eine Bank eine Devisentransaktion abschließen, ruft sie so lange bei anderen Banken an, bis sie einen Handelspartner für ihre Transaktion gefunden hat. Alternativ kann sie auch einen der elektronischen Broker nutzen, der zumindest einen Teil des weltweiten Angebots und Nachfrage bündelt, dabei aber nicht direkt mit einer Börse vergleichbar ist. Den Interbankenmarkt kann man sich somit als ein Netzwerk vorstellen, das die größten Marktteilnehmer untereinander verknüpft. Ist man nicht Teil des Netzwerkes, benötigt man einen Intermediär (beispielsweise einen Broker, der wiederum Teil des Netzwerkes sein muss), um mit Devisen zu handeln.

Daraus ergibt sich eine Reihe von Unterschieden zum Handel an einer Börse. Für den privaten Händler besteht dieser primär in den Handelszeiten. So unterliegt der Handel im Interbankenmarkt keinen zeitlichen Beschränkungen, wie sie durch die Handelszeiten der Börse gegeben sind. Devisen werden rund um die Uhr gehandelt – von montags bis freitags. Lediglich am Wochenende ruht der Handel – wobei auch hier theoretisch Transaktionen zustande kommen, wenn sich zwei Handelspartner finden.

Der Schwerpunkt der Handelsaktivität bewegt sich dabei rund um die Erde, je nachdem, wo Banken gerade geöffnet sind. Ein Handelstag beginnt im asiatischen Raum. Anschließend verlagert sich die Hauptaktivität nach Europa, bevor sich der Handel anschließend in die USA bewegt. Der Handel beginnt montagmorgens in den asiatischen Ländern und endet am Freitagabend in den USA. Auch wenn die Liquidität je nach Uhrzeit schwankt, findet keine Unterbrechung des Handels statt.

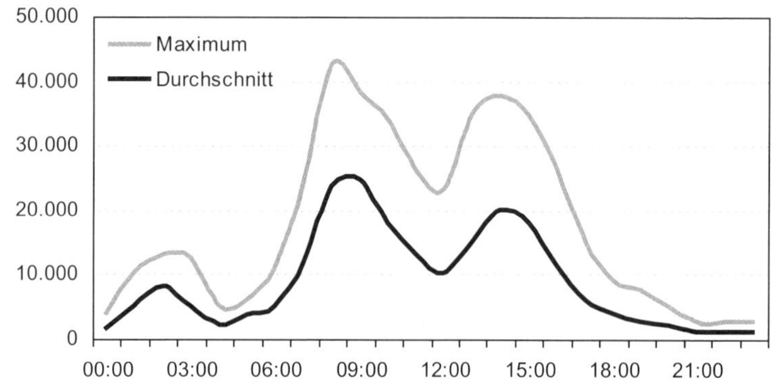

Abb. 2: Handelsaktivität am Devisenmarkt *(Quelle: Reuters, Zeitangaben in UTC)*

Abbildung 2 zeigt die Handelsaktivität in Abhängigkeit der Uhrzeit. Die höchste Aktivität fällt meist mit der Eröffnung der europäischen Märkte zusammen. Ein weiterer starker Anstieg in der Handelsaktivität ist am späten europäischen Nachmittag zu beobachten, sobald die Banken in den USA aktiv werden.

Die Entwicklung der Aktivität spiegelt sich auch in der Verteilung der Umsätze auf die einzelnen Länder wider: Die Hauptzentren für den Devisenhandel sind eindeutig London und New York (vgl. Abbildung 3).

Die meisten Fx-Broker für Privatpersonen bieten ebenfalls den Handel mit Devisen rund um die Uhr an. Handelt man dagegen mit derivativen Produkten (Wertpapiere, die ihren Wert aus den Wechselkursen ableiten,

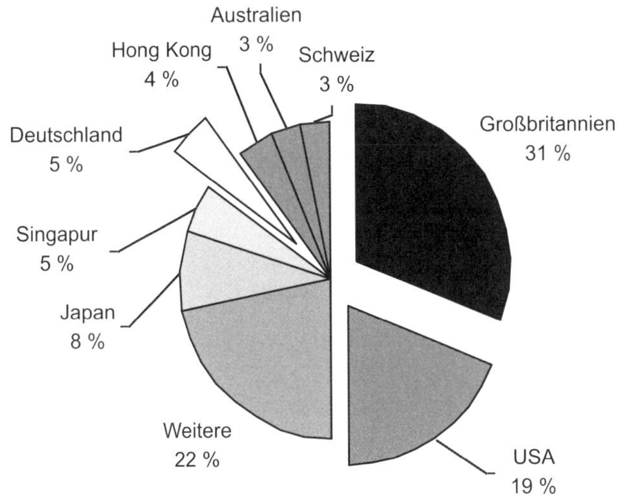

Abb. 3: Umsätze an den einzelnen Handelsplätzen *(Quelle: BIS, 2004)*

mehr dazu später), muss man sich nach den Börsenzeiten richten. In der Regel ist bei diesen Instrumenten somit kein 24h-Handel möglich.

2.4. Vor- und Nachteile des Devisenhandels

Der Handel mit Devisen weist für private Händler eine Reihe von Vorteilen auf. So ist es am Devisenmarkt problemlos möglich, sowohl von positiven als auch von negativen Markerwartungen gleichermaßen zu profitieren. Dagegen ist die Partizipation an fallenden Kursen am Aktienmarkt nur über Leerverkäufe möglich. Diese sind allerdings mit einigen Nachteilen verbunden und nicht mit jeder Aktie möglich.

Des Weiteren ist der Handel am Devisenmarkt vergleichsweise »günstig«. Die meisten Broker erheben keine zusätzlichen Gebühren, in der Regel

»bezahlt« man somit lediglich den Spread (Differenz zwischen Geld- und Briefkurs, mehr dazu später) als indirekte Gebühr. Aufgrund der hohen Liquidität am Devisenmarkt ist dieser aber verglichen mit dem Aktienmarkt sehr gering.

Zusätzlich sind die Kapitalanforderungen aufgrund der niedrigen erforderlichen Sicherheitsleistung (auch hier erfolgt die Erklärung zu einem späteren Zeitpunkt) sehr gering. Dies ermöglicht dem erfahrenen Trader ein spekulativeres Handeln, auch wenn der daraus resultierende hohe Hebel Gefahren birgt. Ob und in welchem Umfang man als Trader diese Möglichkeit nutzt, hängt natürlich vom eigenen Risikomanagement ab.

Als Folge des 24h-Handels kommt es bei Devisen des Weiteren nur sehr selten zu Gaps. Als Gaps werden Kurslücken bezeichnet, also Wechselkurse, zu denen keine Transaktion zustande kam. Im Aktienhandel kommt es beispielsweise gerade nach Gewinnveröffentlichungen von Unternehmen nicht selten vor, dass eine Aktie am nächsten Handelstag signifikant höher oder tiefer eröffnet. Der durchgängige Handel erlaubt es zusätzlich auch berufstätigen Personen, nach ihren Arbeitszeiten aktiv am Devisenhandel teilzunehmen.

Der größte Nachteil des Devisenhandels ist wohl die geringe Auswahl an liquiden Währungen. So beschränken sich die Handelsmöglichkeiten auf einige wenige Devisen, während man im Aktienhandel Hunderte liquide Titel zur Auswahl hat.

Da man nicht selber am Interbankenmarkt teilnehmen kann, ist man auf einen Fx-Broker angewiesen. Im Gegensatz zu einem Broker am Aktienmarkt tritt dieser aber nicht nur als Intermediär auf, sondern als direkter Handelspartner. Somit besteht theoretisch eine Möglichkeit zum Missbrauch.

simplified

3 Währungen und Wechselkurse

3.1. Währungen

3.1.1. Allgemein

Die »Bank for International Settlements« (BIS) erhebt seit 1989 alle drei Jahre Daten über den weltweiten Devisenhandel. Da es beim Handel mit Devisen keinen zentralen Marktplatz gibt (mehr dazu in Kapitel 2.3 »Interbankenmarkt«), wurden 2004 hierzu 52 Zentralbanken, Geschäftsbanken und weitere Finanzinstitute befragt.

In der Studie wurde unter anderem erfasst, welche Währungen wie oft gehandelt wurden beziehungsweise wie hoch der Umsatz in jeder Währung ist. Abbildung 4 zeigt die Verteilung des Gesamtumsatzes auf die einzelnen Währungen. Hierbei ergibt sich eine Summe von 200 Prozent, da bei einer Transaktion stets zwei Währungen involviert sind.

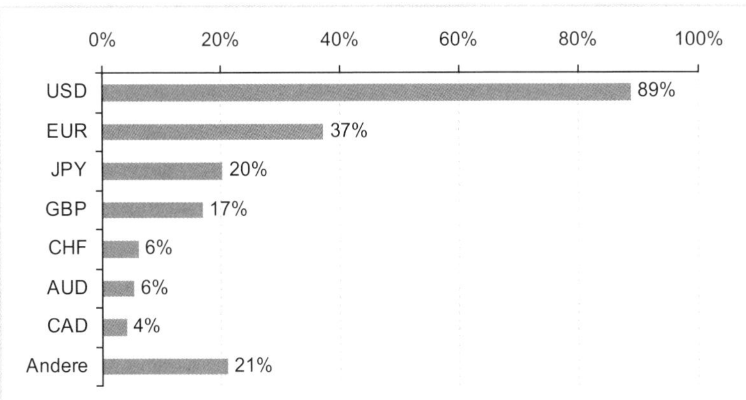

Abb. 4: Partizipation einer Währung an allen Transaktionen im Devisenhandel (Quelle: BIS, 2004)

Der US-Dollar ist mit großem Abstand die am häufigsten gehandelte Währung. Aus diesem Grund wird er häufig auch als Leitwährung bezeichnet. An zweiter Stelle folgt der Euro, allerdings mit bereits signifikant geringerem Volumen. Zu den häufig gehandelten Währungen gehören des Weiteren der Japanische Yen sowie das Britische Pfund. Der Schweizer Franken, die am fünfthäufigsten gehandelte Währung, ist lediglich noch an jeder 20sten Transaktion beteiligt.

Neben der Aufteilung auf die einzelnen Währungen schlüsselt die Studie auch die Umsätze nach gehandelten Währungspaaren auf. Abbildung 5 zeigt den Anteil der einzelnen Währungspaare am gesamten Umsatz. Die Grafik macht erneut die dominante Rolle des US-Dollars im weltweiten Währungshandel deutlich.

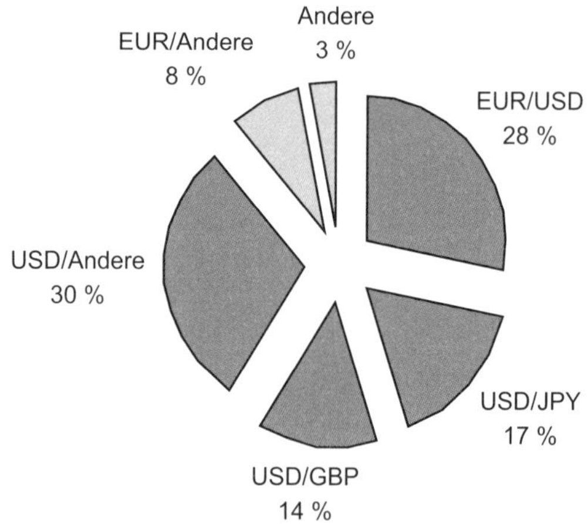

Abb. 5: Anteil am Umsatz nach Währungspaar *(Quelle: BIS, 2004)*

In den folgenden Abschnitten werden die am häufigsten gehandelten Währungen sowie ihre Besonderheiten kurz vorgestellt. Da sie den Großteil des weltweiten Volumens ausmachen, werden sie häufig auch als »Majors« bezeichnet. Vergleichsweise selten gehandelte Währungen werden dagegen häufig auch als »Minors« oder zum Teil sogar als »Exotics« bezeichnet.

3.1.2. USD (US-Dollar)

Name:	US-Dollar
ISO-Code:	USD
Notenbank:	Federal Reserve System (Fed)
Leitzins:	Fed Funds Rate

Der US-Dollar ist die offizielle Währung der Vereinigten Staaten von Amerika. Des Weiteren wird er in vielen Ländern als Referenz- oder als inoffizielle Zweitwährung genutzt. Umgangssprachlich und unter Tradern wird der US-Dollar häufig auch als »Buck« oder als »Greenback« bezeichnet. In Publikationen wird er häufig mit US$ oder US-$ abgekürzt, das offizielle Kürzel lautet »USD«. Ein US-Dollar untergliedert sich in 100 Cent (c).

Das Zentralbanksystem der USA (»Federal Reserve System«, Fed) setzt sich aus zwölf regionalen Notenbanken zusammen, welche die geldpolitischen Maßnahmen umsetzen. Die Geldpolitik wird vor allem vom Offenmarktausschuss (»Federal Open Market Committee«, FOMC) bestimmt. Dieses Gremium führt unter anderem Offenmarktgeschäfte (regelmäßige Eingriffe in das Marktgeschehen) durch und legt den US-Leitzinssatz (»Federal Funds Rate«) fest. Des Weiteren kann der Offenmarktausschuss Interventionen beschließen. Aufgrund des großen Einflusses werden Sitzungen und Veröffentlichungen des FOMC daher von den Finanzmärkten stets sorgfältig beobachtet. Im Gegensatz zu vielen anderen Zentralbanken verfolgt die Fed auch wirtschaftspolitische Ziele, vor allem die Förderung des Wirtschaftswachstums.

Seit dem Zweiten Weltkrieg hat der US-Dollar im Rahmen des Bretton Woods Agreements die dominierende Rolle vom Britischen Pfund im weltweiten Währungssystem übernommen. Heute fungiert der US-Dollar daher im internationalen Devisenhandel häufig auch als Transaktionsmedium zwischen weniger liquiden Währungen. Hierbei wird eine exotische Devise erst in US-Dollars getauscht, die dann anschließend in die Zielwährung konvertiert werden.

Des Weiteren werden die Reserven vieler Notenbanken überwiegend in US-Dollar gehalten. Seit der Einführung des Euros ist der Einfluss des US-Dollars allerdings leicht zurückgegangen. Einige Notenbanken haben bereits einen Teil ihrer Devisenreserven in Euro umgeschichtet; weitere haben dies zumindest angekündigt.

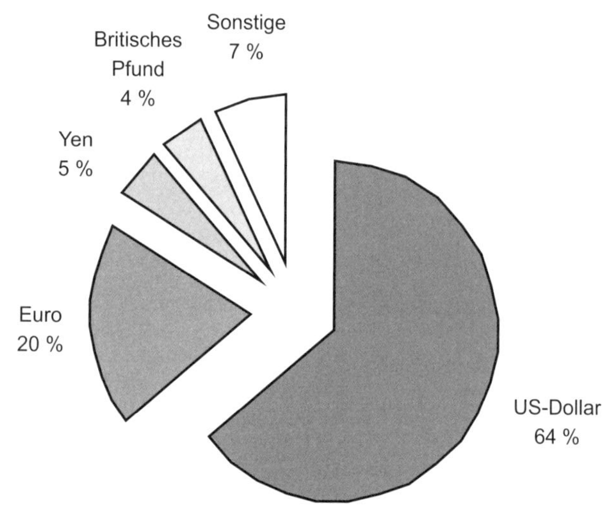

Abb. 6: Reservewährungen der Zentralbanken *(Quelle: EZB, 2005)*

3.1.3. EUR (Euro)

Name:	Euro
ISO-Code:	EUR
Notenbank:	Europäische Zentralbank (EZB)
Leitzins:	Refinanzierungssatz

Die europäische Einheitswährung »Euro« ist nach dem US-Dollar die am zweithäufigsten gehandelte Währung im Weltwährungssystem. Im internationalen Devisenhandel wird der Euro mit dem Kürzel »EUR« angegeben. Ein Euro ist in 100 Cent unterteilt.

Der Euro ist im Gegensatz zu den meisten anderen Währungen keine nationale Währung, sondern wird von einer unabhängigen Zentralbank (Europäische Zentralbank, EZB) kontrolliert und ist offizielles Zahlungsmittel in einer Gruppe von Ländern. Die EZB ist somit eine supranationale Notenbank. Sie bildet mit den nationalen Zentralbanken der Mitgliedsstaaten das »Europäische System der Zentralbanken« (ESZB). Das Primärziel der Europäischen Zentralbank ist die Preisstabilität. Angestrebt wird eine Inflationsrate (gemessen am Harmonisierten Index für Konsumentenpreise) von höchstens zwei Prozent. Solange dieses Ziel nicht beeinträchtigt wird, unterstützt die EZB die Wirtschaftspolitik der Mitgliedsstaaten. Das oberste Gremium der EZB ist der EZB-Rat, der die Richtlinien der Geldpolitik definiert sowie die Leitzinssätze festlegt.

Der Euro wurde im Jahr 1999 als Buchgeld, im Jahr 2002 als Bargeld eingeführt. Er ist Nachfolger einer Reihe von nationalen Währungen, unter anderem der Deutschen Mark (DEM), dem Französischen Franc (FRF) oder der Italienischen Lira (ITL). Auch wenn der Euro heute eine wichtige Rolle im Devisenhandel einnimmt, liegt sein Anteil unter dem damaligen kombinierten Anteil der einzelnen Vorläuferwährungen.

3.1.4. JPY (Japanischer Yen)

Name:	Japanischer Yen
ISO-Code:	JPY
Notenbank:	Bank of Japan (BoJ)
Leitzins:	Overnight Call Rate

Die offizielle Währung Japans ist der Yen. Die im Devisenhandel genutzte Abkürzung für die Währung lautet »JPY«. Da der Yen nicht über eine weitere Untereinheit verfügt, werden Quotierungen gegen den Yen stets nur auf zwei Nachkommastellen genau gestellt.

Im Vergleich zu der Euro-Zone und den USA hat die japanische Regierung (»Ministry of Finance«, MoF) deutlich größeren Einfluss auf die

Zentralbank (»Bank of Japan«, BoJ). In der Vergangenheit kam es häufig nach Äußerungen von Politikern zu Interventionen am Devisenmarkt, um einen vorteilhafteren Wechselkurs zu erreichen. Während die Kontrolle über die Geldpolitik vollständig bei der Zentralbank liegt, ist das Finanzministerium zuständig für die Devisenpolitik. Das Hauptziel der japanischen Notenbank ist ebenfalls die Preisstabilität.

Japan erholte sich in den vergangenen Jahren langsam von einer lang andauernden Wachstumskrise, die durch die Immobilien- und Aktienmarktblase Anfang der 90er-Jahre ausgelöst wurde. Der Handel in den asiatischen Währungen hat in den zurückliegenden Jahren deutlich an Bedeutung gewonnen. In der Folge haben auch die Volumina überdurchschnittlich zugelegt.

3.1.5. GBP (Britisches Pfund)

Name:	Britisches Pfund
ISO-Code:	GBP
Notenbank:	Bank of England (BoE)
Leitzins:	Base Rate

Da sich Großbritannien gegen eine Teilnahme an der Europäischen Währungsunion entschieden hat, ist die offizielle Währung nach wie vor das Britische Pfund. Ein Britisches Pfund unterteilt sich in 100 Pence. Für Quotierungen im Devisenhandel wird das Kürzel GBP (»Great Britain Pound«) genutzt. Umgangssprachlich werden häufig auch die Bezeichnungen »cable«, »quid« oder »sterling« (als Abkürzung für »Pound Sterling«) genutzt.

Die Notenbank von Großbritannien ist die »Bank of England« (BoE). Bei ihren Tätigkeiten verfolgt die Zentralbank zwei Ziele: Preisstabilität (Inflation von höchstens 2,5 Prozent) und Stabilität des Finanzsystems. Erst seit 1997 kann die Zentralbank unabhängig von Weisungen agieren.

Kursbeeinflussende Wirkung hatte in den vergangenen Jahren neben der wirtschaftlichen Entwicklung vor allem die Diskussion über den möglichen Beitritt zur Europäischen Währungsunion.

3.1.6. CHF (Schweizer Franken)

Name:	Schweizer Franken
ISO-Code:	CHF
Notenbank:	Schweizer Nationalbank (SNB)
Leitzins:	Diskontsatz

Der »Swissy« ist die Währung der Schweiz. Ein Schweizer Franken setzt sich aus 100 Rappen zusammen. Die Abkürzung im Devisenhandel lautet CHF.

Die Geld- und Währungspolitik wird durch die Schweizer Nationalbank (SNB) durchgeführt. Sie ist vollkommen weisungsunabhängig. Bei ihren Marktaktivitäten folgt die Zentralbank, wie die meisten anderen Staaten auch, einem Inflationsziel. Den hohen Kapitalzuflüssen in die Schweiz tritt die Notenbank immer wieder mit Eingriffen in den Markt (Interventionen) entgegen, um die Binnenwirtschaft zu stützen.

Der Schweizer Franken wird auch als »Safe Haven« bezeichnet. In Krisensituationen kommt es aufgrund der politischen Neutralität regelmäßig zu einer Umschichtung von Devisenbeständen in den Schweizer Franken.

3.1.7. Weitere Währungen

Längst nicht alle Währungen, die man aus dem Urlaub kennt, sind auch für den Devisenhandel interessant. Neben den hier vorgestellten gibt es eine Vielzahl an weiteren Währungen.

Generell muss zwischen Währungen mit fixen und solchen mit flexiblen Wechselkursen unterschieden werden. Beim »Fixed Floating« wird der Wechselkurs von einer administrativen Stelle gegenüber einer Währung, häufig dem US-Dollar oder einem Währungskorb, innerhalb einer bestimmten Bandbreite konstant gehalten. Hierzu interveniert die Notenbank in unregelmäßigen Abständen am Devisenmarkt, um Angebot und Nachfrage auf dem entsprechenden Preisniveau auszugleichen.

Wenn die Preisfindung dem freien Marktmechanismus überlassen wird – wie es bei den hier bislang vorgestellten Währungen der Fall ist –, spricht man dagegen vom »Free Floating« beziehungsweise vom »Managed Floating«, wenn die Zentralbank nur gelegentlich eingreift. Für den privaten Handel sind Währungen mit fixen Wechselkursen uninteressant, da die Schwankungen hierbei zu gering sind. Häufig erschweren Kapitalverkehrsbeschränkungen den Handel zusätzlich.

Auch Währungen aus den »Emerging Markets«, also aufstrebenden Volkswirtschaften, sind für den privaten Trader uninteressant. Hohe Transaktionskosten und regulatorische Bestimmungen machen den Handel für das kurzfristige Spekulieren unattraktiv. Für langfristig orientierte Investoren stellen sie aber eine durchaus interessante Anlageklasse dar.

3.2. Wechselkurse

3.2.1. ISO-Codes

Ähnlich der Wertpapierkennnummer für Aktien gibt es auch für Währungen eine einheitliche Identifizierung. Die ISO-Norm 4217 ist der Internationale Standard für die Abkürzung von Währungen und erlaubt die eindeutige Identifizierung einer Währung. Die sogenannten **ISO-Codes** wurden bei der Vorstellung der einzelnen Währungen bereits mit aufgeführt.

Sie bauen sich stets nach dem gleichen Muster auf: Die ersten beiden Buchstaben identifizieren das emittierende Land der Währung, der dritte Buchstaben gibt den Namen der Währung an:

- Land (nach ISO 3166-1), zum Beispiel »US« für »United States«
- Name der Währung, in diesem Beispiel »D« für »Dollar«

Somit ist ausgeschlossen, dass es zu einer Verwechslung kommt, auch wenn die Währung den gleichen Namen hat. Eine Verwechselung des US-Dollars (USD) mit beispielsweise dem Australischen Dollar (AUD) ist somit nicht möglich.

Die Codes der wichtigsten Währungen (im Fachjargon auch als Majors bezeichnet) lauten:

- AUD Australischer Dollar
- CAD Kanadischer Dollar
- CHF Schweizer Franken
- EUR Euro
- GBP Britisches Pfund
- JPY Japanischer Yen
- NZD Neuseeländischer Dollar
- USD US-Dollar

Eine Übersicht der ISO-Codes auch für die wichtigsten Nebenwährungen (Exotics / Minors) findet sich im Anhang.

In Publikationen wird gelegentlich auch von folgenden Währungssymbolen Gebrauch gemacht:

- € Euro
- $ US-Dollar
- £ Britisches Pfund
- ¥ Japanischer Yen

3.2.2. Quotierung von Wechselkursen

Um einen Wechselkurs anzugeben, werden in der Regel die ISO-Codes der beiden Währungen (meist getrennt durch einen Schrägstrich) aneinandergehängt. Somit ist eine eindeutige Identifizierung der Wechselkurse zwischen unterschiedlichen Währungen möglich. Wird nur der ISO-Code einer Währung angegeben, ist in der Regel die **Quotierung** gegen den US-Dollar gemeint. Hier lässt sich erneut die Leitrolle des US-Dollars im weltweiten Devisenhandel erkennen.

Beispiele:

EUR/USD	Wechselkurs des Euros gegenüber dem US-Dollar
GBP/JPY	Wechselkurs des Japanischen Yens gegenüber dem Britischen Pfund
CHF	Wechselkurs des Schweizer Franken gegenüber dem US-Dollar

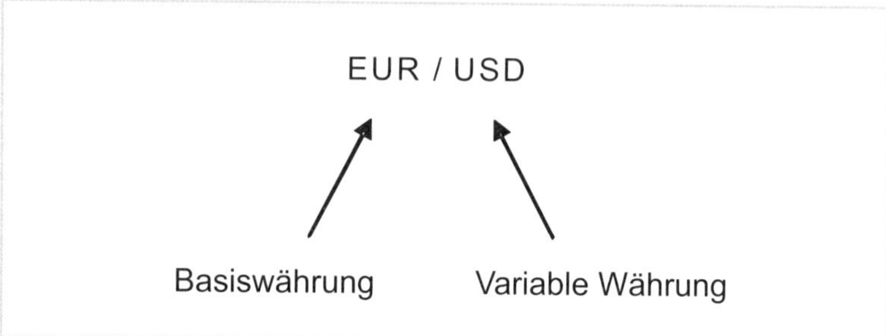

Abb. 7: Basiswährung und variable Währung

Die zuerst genannte Währung wird dabei als Basiswährung (engl.: Base Currency, Unit Currency) bezeichnet, die an zweiter Stelle folgende Währung wird als variable Währung (engl.: Quote Currency, Price Currency) bezeichnet.

EUR/USD 1,2974

Alternativ – für den Einsteiger verständlicher, allerdings bei weitem nicht so platzsparend – könnte man den Wechselkurs somit auch wie folgt schreiben: 1 EUR = 1,2974 USD.

Der Wechselkurs stellt – wie bereits im Kapitel 1 »Getting started« erläutert – das Tauschverhältnis zwischen zwei Währungen da. Er zeigt an, wie viele Einheiten der variablen Währung einer Einheit der Basiswährung entsprechen. Er gibt somit das Ratio des Werts der beiden Währungen an: in diesem Fall die Anzahl der Dollars, die man gegen einen Euro tauschen kann.

Bei der dargestellten Quotierung würde dies somit bedeuten, dass man für einen Euro 1,2974 US-Dollar bekommt. Umgekehrt ausgedrückt: Ein Euro kostet 1,2974 US-Dollar. Eine Transaktion entspricht stets dem gleichzeitigen Kauf einer Währung und Verkauf einer anderen Währung. Geht man im EUR/USD »long« beziehungsweise kauft man Euros, muss man dafür mit US-Dollars bezahlen. Ein Verkauf von Euros beziehungsweise eine »Short-Position« im EUR/USD geht mit dem gleichzeitigen Erhalt von US-Dollars einher.

3.2.3. Auf- und Abwertung

Verändert sich der Wechselkurs von 1,2974 auf beispielsweise 1,3000, spricht man von einer Aufwertung des Euros. Für einen Euro bekommt man nun 1,30 US-Dollar, der Euro ist somit wertvoller beziehungsweise teurer geworden.

Verringert sich der Wechselkurs dagegen auf beispielsweise 1,25, spricht man von einer Abwertung des Euros. In diesem Fall erhält man für einen Euro nur noch 1,25 US-Dollar beziehungsweise muss nur noch 1,25 US-Dollar für einen Euro bezahlen. Der Wert eines Euros ist somit – gemessen am US-Dollar – gefallen.

Von einer Aufwertung spricht man somit, wenn der Wert einer Währung (im Vergleich zu einer anderen Währung) steigt. Eine Aufwertung der einen Währung entspricht zeitgleich stets einer Abwertung der zweiten Währung, und vice versa.

3.2.4. Geld- und Briefkurs

Der Geldkurs (Bid) entspricht dem Kurs, zu dem andere Marktteilnehmer bereit sind, die Basiswährung zu kaufen. Zum Kurs von 1,2970 kann man somit verkaufen, das heißt, für eine Einheit der Basiswährung (EUR) erhält man 1,2970 Einheiten der variablen Währung (USD).

Möchte man die Basiswährung kaufen, muss man den Briefkurs (Ask) bezahlen. Dies ist der Kurs, zu dem andere Marktteilnehmer bereit sind

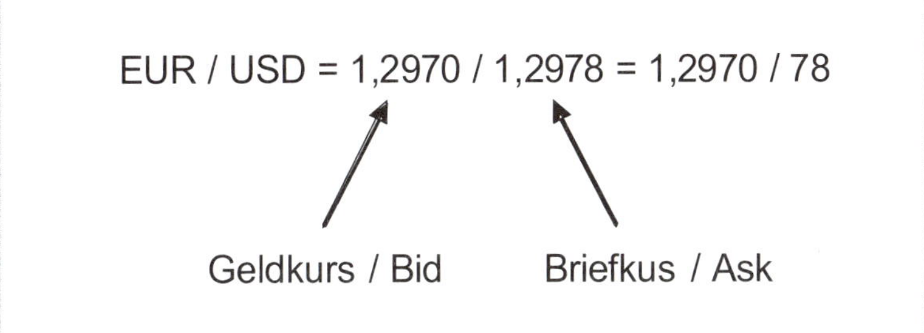

Abb. 8: Geld- und Briefkurs

zu verkaufen. In diesem Fall würde dies bedeuten, dass man für eine Einheit der Basiswährung (EUR) 1,2978 Einheiten der variablen Währung (USD) bezahlen muss.

Dies kann man sich recht einfach merken: Man muss stets teuer einkaufen und kann nur billig wieder verkaufen. Der höhere Preis ist somit stets der Preis, den man für die Basiswährung bezahlen muss. Verkauft man die Basiswährung, bekommt man weniger Einheiten der variablen Währung zurück.

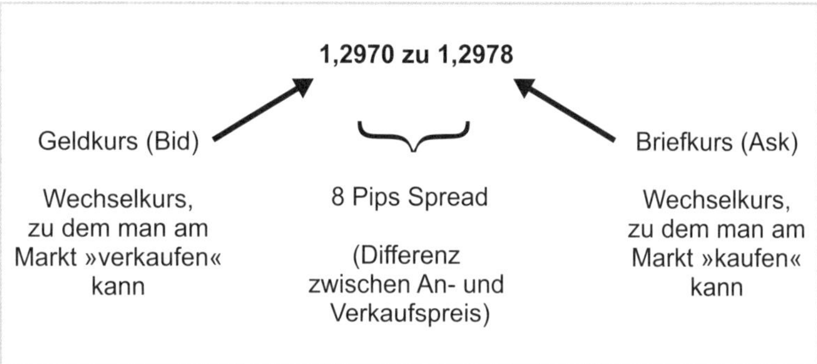

Abb. 9: Geld- / Briefkurs und Spread

Die Differenz zwischen dem Geld- und Briefkurs wird auch als Geld-Brief-Spanne beziehungsweise als Spread bezeichnet. In diesem Beispiel beträgt der Spread somit 0,0008. Würde man eine Währung kaufen und sofort wieder verkaufen, verlöre man den Spread, da man »teuer« einkauft und »billig« wieder verkauft. Diese Differenz stellt die Haupteinnahmequelle von Market-Makern dar, die laufend An- und Verkaufskurse für andere Marktteilnehmer quotieren.

3.2.5. Pips und Big Figure

Da es beim Handel mit Devisen auf Zeit ankommt, werden unter professionellen Händler häufig nur die beiden letzten Stellen angegeben. Die Größenordnung des Wechselkurses, in der gerade gehandelt wird, ist in der Regel allen aktiven Marktteilnehmern bekannt. Am Telefon würde der Händler häufig somit lediglich die Quotierung »70 – 78« nennen. So kann eine Transaktion in der Regel deutlich schneller abgeschlossen werden, als wenn man den gesamten Wechselkurs »1,2970 – 1,2978« aussprechen müsste.

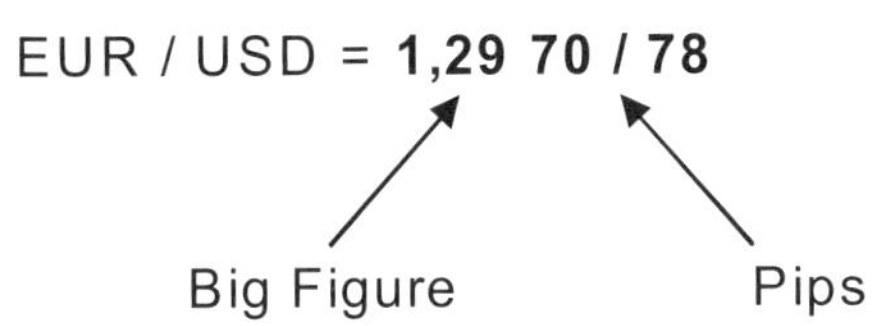

Abb. 10: Big Figure und Pips

Die Größenordnung des Wechselkurses, in der momentan gehandelt wird, wird auch als »Big Figure« bezeichnet. Bei einem Wechselkurs von 1,2970 – 1,2978 ist die »Big Figure« 1,29. Sie entspricht der um zwei Stellen gekürzten Quotierung.

Ein Pip stellt die kleinste mögliche Veränderung eines Wechselkurses dar. In der Regel werden Wechselkurse bis auf vier Nachkommastellen genau quotiert. Ein Pip entspricht somit meist der vierten Stelle nach dem Komma (0,0001). Bei Quotierungen gegen Währungen, die über keine Untereinheit verfügen (wie zum Beispiel der Japanische Yen), werden Wechselkurse nur auf zwei Nachkommastellen genau gehandelt. Ein Pip entspricht in dem Fall lediglich 0,01.

Die beiden letzten Stellen einer Quotierung werden auch als »Pips« bezeichnet. In diesem Beispiel betragen die Pips somit »70 – 78«. Der Spread beträgt, wie bereits gesehen, 0,0008 oder, alternativ ausgedrückt, acht Pips.

Obwohl es theoretisch möglich wäre, jede der beiden Währungen eines Wechselkurses als Basiswährung (das heißt EUR/USD oder USD/EUR) zu nutzen, haben sich im Laufe der Zeit am Devisenmarkt einige Konventionen herausgebildet. Diese werden von allen Marktteilnehmern beachtet, damit es beim Handel nicht zu Missverständnissen kommt.

Obwohl die Konventionen keiner strikten Regel folgen, gibt es doch eine Anzahl an Gemeinsamkeiten, die bei den meisten Quotierungen zutreffen:

- Enthält der Wechselkurs entweder den Euro oder den US-Dollar, sind diese meist die Basiswährung.
- Wird dagegen eine Währung weder gegen den Euro noch gegen den US-Dollar quotiert, ist meist die wertvollere Währung die Basiswährung.

Generell kann man bei den Notierungen zwischen Preis- (Direkte Quotierung) und Mengennotierungen (Indirekte Quotierung) unterscheiden. Diese Unterscheidung hat auf den Handel jedoch keinen Einfluss, da sich hier feste Konventionen herausgebildet haben:

- Mengennotierung: Heimatwährung / Fremde Währung (zum Beispiel EUR/USD)

Bei der Mengennotierung fungiert die Inlandswährung als feste Bezugsgröße. Der Wechselkurs zeigt somit an, wie viele Einheiten der fremden Währung man für eine Einheit der eigenen Währung bekommt (in Europa: Dollar je Euro).

- Preisnotierung: Fremde Währung / Heimatwährung (zum Beispiel USD/EUR)

Die Preisnotierung dagegen zeigt den Preis einer Einheit der ausländischen Währung in Einheiten der Heimatwährung, das heißt, wie viele Einheiten der inländischen Währung man für eine Einheit der ausländischen Währung erhält.

Ein als Mengennotierung angegebener Wechselkurs kann durch Invertieren (1 / Wechselkurs) zu einer Preisnotierung konvertiert werden.

3.2.6. Crossrates

Der US-Dollar wird im Devisenhandel weltweit als Vehikelwährung genutzt. Im Interbankenhandel werden Währungen primär gegen den US-

Dollar gehandelt, nur knapp jede zehnte Transaktion findet zwischen zwei sonstigen Währungen statt. Wechselkursnotierungen ohne Beteiligung des US-Dollars werden im Fachjargon auch als Crossrate bezeichnet.

Im Interbanken-Markt wird man in der Regel beispielsweise keine attraktive direkte Quotierung des Hong-Kong-Dollar gegen Ungarische Forint finden, allerdings jeweils eine liquide Quotierung gegenüber dem US-Dollar. Möchte man nun beispielsweise Hong-Kong-Dollars in Ungarische Forints umtauschen, wird man in der Regel einen Umweg über den US-Dollar gehen. Zuerst werden die Hong-Kong-Dollars in US-Dollars umgetauscht. Anschließend werden diese in Ungarische Forints umgetauscht. Auf dem Konto verbleiben lediglich die Ungarische Forints.

Durch die Konzentration des Handels auf Quotierungen gegen den US-Dollar kommt es zu einer Konzentration der Liquidität. Der Handel einer Währung findet nun nicht mehr in einer Vielzahl von anderen Währungen statt, sondern mehr oder weniger nur noch gegen den US-Dollar; das Handelsvolumen wird somit gebündelt. In der Folge sinken die Geld-Brief-Spannen in den Quotierungen, was somit zu besseren Handelskonditionen für alle Marktteilnehmer führt – obwohl der Umweg über den US-Dollar gegangen werden muss.

Beim Handel über einen Fx-Broker sind natürlich auch Crossrates zum Handel verfügbar. Der Spread ist hierbei aber in der Regel weiter als in Quotierungen gegen den US-Dollar, da der Broker den Trade am Markt über zwei Transaktionen im US-Dollar nachbilden muss, um sich abzusichern.

Arbitrage-Prozesse im Markt sorgen dafür, dass die Preisstellung auch in Crossrates am Markt stets fair ist. Unter Arbitrage versteht man generell das Ausnutzen von Kursdifferenzen für identische Güter. Sollte die Preisstellung in einer Crossrate am Markt nicht fair sein, könnte ein Händler die Transaktion über zwei US-Dollar-Geschäfte nachbilden und einen risikofreien Profit verbuchen. Da der Devisenhandel nicht zentral, sondern direkt zwischen den Banken in einer Art Netzwerk stattfindet, kam es in der Vergangenheit immer wieder zur Arbitrage-Möglichkeiten. Durch die zunehmende Digitalisierung des Handels haben diese Opportunitäten in den zurückliegenden Jahren allerdings abgenommen.

3.2.7. Berechnung von Crossrates

Wie bereits im vorangegangenen Kapitel dargestellt, lassen sich Crossrates durch zwei Transaktionen gegenüber dem US-Dollar nachbilden. Die Quotierung beziehungsweise Berechnung soll im Folgenden anhand von zwei Methoden illustriert werden.

Einfache Methode

Bei dieser Methode werden die Spreads der beiden Quotierungen gegen den US-Dollar nicht berücksichtigt. Als Ergebnis erhält man somit keine tatsächlich handelbare Quotierung. Die Methode ist dennoch nützlich, um zumindest die Größenordnung der Notierung der Crossrate zu kennen.

Quotierungen im Interbankenmarkt:

Beispiel 1:
USD/SGD = 1,5323
USD/HUF = 195,05

Beispiel 2:
EUR/USD = 1,2974
USD/JPY = 120,38

Um die Crossrate zu erhalten, muss der US-Dollar nun »herausgekürzt werden«. Ist der US-Dollar in beiden Transaktionen entweder Basiswährung oder variable Währung (wie im ersten Beispiel), muss von einer der beiden Währungen erst noch der Kehrwert gebildet werden. Anschließend werden die Quotierungen beider Wechselkurse miteinander multipliziert, sodass sich der US-Dollar herauskürzt.

Bei der Schreibweise sollte man darauf achten, dass die Notierung EUR/USD dem mathematischen Bruch

$$EUR/USD = \frac{USD}{EUR}$$

entspricht, da man je Euro x US-Dollar erhält.

Beispiel 1:

$$SGD/HUF = \frac{HUF}{SGD} = \frac{HUF}{USD} \times \frac{USD}{SGD} = \frac{195{,}05}{1} \times \frac{1}{1{,}5323} = \frac{195{,}05}{1{,}5323} = 127{,}29$$

Beispiel 2:

$$EUR/JPY = \frac{JPY}{EUR} = \frac{USD}{EUR} \times \frac{JPY}{USD} = \frac{1{,}2974}{1} \times \frac{120{,}38}{1} = 156{,}18$$

Reguläre Methode

Im Gegensatz zur vereinfachten Methode werden bei dieser Berechnung die Spreads berücksichtigt. Es ergibt sich somit eine handelbare Quotierung in der Crossrate, die im Markt durch zwei US-Dollar-Transaktionen repliziert werden kann.

Beispiel 1:
USD/SGD = 1,5315 / 1,5328
USD/HUF = 195,01 / 195,17

Beispiel 2:
EUR/USD = 1,2970 / 78
USD/JPY = 120,32 / 43

Auch bei der regulären Methode müssen die Währungspaare wieder so »gedreht« werden, wie später die Quotierung lauten soll.

Muss keine der beiden Währungen gedreht werden, erhält man durch jeweilige Multiplikation der beiden Geld- und Briefkurse anschließend den Geld- und Briefkurs der Crossrate. »Dreht« man eines der beiden Währungspaare, muss man bei der Berechnung beachten, dass man nun die genau entgegengesetzte Aktion durchführt (statt kaufen nun verkaufen, und vice versa). Daher muss man nun statt dem Geld- den Briefkurs (beziehungsweise umgekehrt) für die Berechnung heranziehen.

Beispiel 1:
- Geldkurs:

$$SGD/HUF = \frac{HUF}{SGD} = \frac{HUF}{USD} \times \frac{USD}{SGD} = \frac{195{,}01}{1} \times \frac{1}{1{,}5328} = 127{,}22$$

- Briefkurs:

$$SGD/HUF = \frac{HUF}{SGD} = \frac{HUF}{USD} \times \frac{USD}{SGD} = \frac{195{,}17}{1} \times \frac{1}{1{,}5315} = 127{,}43$$

SGD/HUF ➔ 127,22 / 43

Beispiel 2:
- Geldkurs:

$$EUR/JPY = \frac{JPY}{EUR} = \frac{USD}{EUR} \times \frac{JPY}{USD} = \frac{1{,}2970}{1} \times \frac{120{,}32}{1} = 156{,}06$$

- Briefkurs:

$$EUR/JPY = \frac{JPY}{EUR} = \frac{USD}{EUR} \times \frac{JPY}{USD} = \frac{1{,}2978}{1} \times \frac{120{,}43}{1} = 156{,}29$$

EUR/JPY ➔ 140,24 / 33

simplified

4 Produkte

Im professionellen Handel im Interbankenmarkt werden primär drei Produkte gehandelt: Devisen per Kasse, Outright Forwards und Swaps. Diese machen den klassischen Devisenmarkt aus. Aufgrund der geringen Kapitalstärke und des fehlenden Zugriffs auf den Interbankenmarkt stehen diese Produkte privaten Händlern in der Regel aber nicht zur Verfügung.

Privatpersonen haben eine Vielzahl von anderen Möglichkeiten, an Wechselkursschwankungen zu profitieren; die prominenteste ist der Handel über einen Fx-Broker. Dieser nimmt allerdings nicht im klassischen Sinne eines Brokers nur eine vermittelnde Rolle ein, sondern geht die Gegenposition des privaten Händlers ein und sichert sich anschließend im Interbankenmarkt ab.

Alternativ erfreuen sich auch börsennotierte Wertpapiere großer Beliebtheit. Diese werden an einer Börse notiert und lassen sich somit auch über einen klassischen Broker handeln. Dazu gehören auf dem deutschen Markt vor allem Hebelprodukte und Optionsscheine. Weitere Produkte wie beispielsweise CFDs fristen auf dem deutschen Markt ein Nischendasein.

4.1. Institutioneller Handel

Die klassische Form des Devisenhandels ist das **Kassageschäft**. Das im Fachjargon auch als **Spot-Transaktion** bezeichnete Tauschgeschäft ist mit dem Devisentausch am Bankschalter vergleichbar: Eine Devise wird zu einem bestimmten Wechselkurs in eine andere Devise getauscht. Das Tauschverhältnis – der Wechselkurs – wird auch als Kassakurs oder als Spot-Rate bezeichnet. Angaben in Zeitungen oder im Fernsehen beziehen sich in der Regel auf diesen Kurs.

Im Gegensatz zum Tauschen von Devisen am Bankschalter findet die Erfüllung des Geschäftes – hierunter versteht man den tatsächlichen Austausch der Devisen – erst zwei Banktage nach Abschluss des Geschäfts – dem Handelstag – statt. Am Handelstag vereinbaren die beiden Transaktionspartner die gehandelte Summe sowie den Wechselkurs. Damit genug Zeit für die notwendigen Back-Office-Operationen sowie die Veranlassung der Überweisung verbleibt, findet der tatsächliche Austausch der Devisen erst zwei Tage nach dem Handelstag statt.

Ein kurzes Beispiel zur Erläuterung:

Ein Händler der Deutschen Bank in Frankfurt möchte gerne eine Million Euro gegen US-Dollars tauschen. Er ruft bei einem Händler der UBS in London an und schließt mit ihm eine Transaktion zum Wechselkurs von EUR/USD 1,2123 ab. Er muss an die UBS somit nun eine Million Euro überweisen und erhält im Gegenzug von der UBS 1.212.300 US-Dollar. Um die nötigen Back-Office-Operationen durchzuführen und das Geld zu überweisen, haben beide Banken zwei Banktage Zeit. Der Wechselkurs wird am Trade-Day (Handelstag) vereinbart, der tatsächliche Austausch der Devisen findet dagegen erst zwei Banktage (t + 2) später statt (Settlement-Day).

Outright Forwards – häufig auch einfach nur als Forwards bezeichnet – sind Termingeschäfte auf Devisen. Hierbei werden Betrag und Wechselkurs bereits heute verbindlich fixiert, der Austausch der Devisen dagegen findet erst zu einem bestimmten Termin in der Zukunft statt. Im Vergleich zu einer Spot-Transaktion unterscheidet sich ein Termingeschäft somit lediglich durch einen weiter in der Zukunft liegenden Austausch der Devisen.

Da die Banken im Interbankenmarkt direkt untereinander (»Over the Counter«) handeln, sind die Details von Forwards frei verhandelbar. Somit ist theoretisch jede beliebige Laufzeit denkbar, solange man einen Handelspartner findet. Für gewöhnlich werden Forwards mit einer Laufzeit von bis zu einem Jahr gehandelt.

Forwards werden in der Regel zu einem unterschiedlichen Wechselkurs als Spot-Geschäfte abgeschlossen. Obwohl die zugrunde liegenden Währungen identisch sind, handeln Forwards häufig entweder höher (Premium) oder niedriger (Diskont). Dies ist durch die Zinsdifferenz zwischen beiden Währungen bedingt. Ist der Zinssatz einer Währung höher, hat diejenige Vertragspartei einen Vorteil, die bis zum Austausch der Devisen noch im Besitz jener Währung ist und somit höhere Zinsen verdient. Dies spiegelt sich in dem Forward-Preis wider.

Die mit Abstand am häufigsten durchgeführte Transaktion ist das sogenannte **Swap-Geschäft**. Wie der Name bereits andeutet, wird bei diesem Geschäft etwas getauscht.

Ein Swap-Geschäft setzt sich aus zwei Elementen zusammen, in der Regel einer Kassa- und einer Forward-Transaktion. Mit Hilfe eines Swaps kann man somit seine Euro-Bestände für einen bestimmten Zeitraum in US-Dollars umtauschen, ohne beim späteren Rücktausch in Euro ein Wechselkursrisiko befürchten zu müssen.

Dazu wird eine Spot-Transaktion durchgeführt. Mit deren Hilfe werden die Euro-Bestände in US-Dollars umgetauscht. Zeitgleich wird ein Forward abgeschlossen, um die US-Dollars zu einem bestimmten Zeitraum wieder zurück in Euro zu tauschen. Durch die zweite Transaktion wird sichergestellt, dass man keinem Wechselkursrisiko unterliegt. Lediglich die Zinsdifferenz zwischen den beiden Währungen muss berücksichtigt werden.

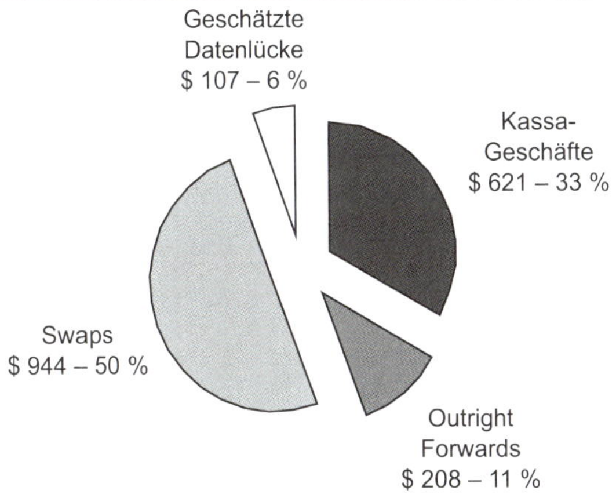

Abb. 11: Anteil der Geschäftsarten *(Quelle: BIS, 2004)*

Swap-Geschäfte machen heutzutage mit einem durchschnittlichen täglichen Handelsvolumen von deutlich mehr als 900 Milliarden US-Dollar den Hauptanteil des Volumens im Interbankenhandel aus. Im Spot-Handel werden täglich Devisen im Wert von circa 621 Milliarden US-Dollar bewegt, der Umsatz im Handel mit Outright Forwards summiert sich auf 208 Milliarden US-Dollar.

Bis Mitte der 90er-Jahre war der Kassamarkt noch der dominierende Markt und für die Hälfte des gehandelten Volumens verantwortlich. Durch die hohen Volumenzuwächse im Swap-Handel und den vergleichsweise deutlich langsamer wachsenden Spot-Markt (vgl. Abbildung 12) kam es zu der heute bestehenden Relation.

Da Privatpersonen nicht direkt am Interbankenmarkt teilnehmen können, stehen ihnen auch die zuvor geschilderten Produkte nicht zur Verfügung. Aufgrund des stark steigenden Interesses von privaten Händlern hat sich in den vergangenen Jahren aber eine Reihe von Alternativen herausgebildet.

4.2. Kassa / Spot im privaten Handel

Es gibt inzwischen eine Vielzahl von Brokern, die den Spot-Handel auch für Privatpersonen anbieten. Hierbei sollte man aber beachten, dass der

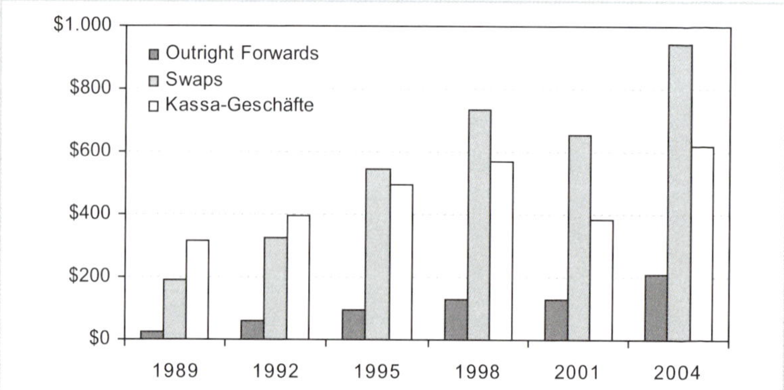

Abb. 12: Entwicklung der einzelnen Geschäftsarten *(Quelle: BIS, 2004)*

Begriff Broker nicht im klassischen Sinne verwendet wird und daher leicht irreführend ist. Vielmehr agiert der Broker als Market-Maker, das heißt, er stellt ständig Preise, zu denen man handeln kann. Problematisch hierbei ist, dass der Broker sowohl als Gegenpartei auftritt als auch Kenntnis der eigenen Position und der Order hat. Ein Missbrauch dieser Informationen ist somit nicht ausgeschlossen, und man muss befürchten, einen schlechteren Kurs gestellt zu bekommen.

Der Wahl des Brokers kommt beim privaten Spot-Handel somit eine wichtige Rolle zu. Eine spezifische Empfehlung kann an dieser Stelle natürlich nicht erfolgen. In Kapitel 6.3 erfolgt aber eine Auflistung der Faktoren, die man bei der Wahl des Brokers berücksichtigen sollte.

Im Vergleich zum institutionellen Spot-Handel findet beim privaten Fx-Handel kein tatsächlicher Austausch von Devisen statt, da es hierbei um die Spekulation auf Wechselkursschwankungen geht. In der Regel besteht kein Interesse daran, die gehandelten Währungen tatsächlich zu besitzen.

Da man bei einer Kassa-Transaktion zwei Tage nach Abschluss der Transaktion die gehandelte Devise liefern müsste, muss die Position täglich »gerollt« werden. Darunter versteht man das Verschieben des Fälligkeitsdatums der Position um einen weiteren Handeltag in die Zukunft. Hierbei entstehen Kosten (oder aber ein Gewinn) in Höhe der Zinsdifferenz zwischen den beiden Währungen. Dieser Vorgang wird automatisch durch den Broker durchgeführt.

Realisierte Gewinne werden in der Regel automatisch in die Basiswährung des Kontos konvertiert. Für den Spot-Handel über einen Broker ist nicht die gesamte gehandelte Summe zu hinterlegen, sondern nur ein Bruchteil davon. Diese Sicherheitsleistung beträgt meist 0,5 bis fünf Prozent des gehandelten Betrages; sie wird im Fachjargon auch als Margin bezeichnet. Nähere Informationen dazu finden sich im Kapitel 6.5 »Margin«.

4.3. Futures

Futures sind standardisierte Terminkontrakte auf Währungen, die an einer Börse notiert sind. Sie sind somit mit den im Interbankenmarkt gehandelten Forwards verwandt. Im Gegensatz zu diesen sind bei einem Future aber die Ausstattungsmerkmale wie Kontraktgröße und Fälligkeitszeitpunkt festgelegt. Diese werden durch die Börse, an welcher der Future gelistet ist, definiert. Devisen-Futures haben somit die gleiche Funktionsweise wie Futures auf Aktienmärkte oder Rohstoffe – nur dass halt das Underlying ein anderes ist.

Futures auf Devisen werden primär über die Chicago Mercantile Exchange (CME) gehandelt. Im Vergleich zum Interbankenmarkt ist das Volumen allerdings äußerst gering: 3.700 Milliarden US-Dollar im gesamten Jahr 2003 gegenüber ungefähr 800 Milliarden US-Dollar (Kassa- und Forward-Geschäfte) im Interbankenhandel – pro Handelstag.

Aufgrund der geringen Spreads, der transparenten Preisstellung sowie des Vorteils, dass man mit jedem Broker – der den Handel in Futures ermöglicht – dort handeln kann, erfreuen sich diese aber einer wachsenden Beliebtheit. Für Einsteiger oder Personen, die möglicherweise nur einen ersten Einblick in den Fx-Handel gewinnen möchten, ist aber möglicherweise die Kontraktgröße der gehandelten Futures zu groß. Wie beim Spot-Handel über einen Fx-Broker muss man aber auch hier nur einen Bruchteil der gehandelten Summe – der Kontraktgröße – als Sicherheitsleistung hinterlegen. Ausreichend Liquidität ist in der Regel nur in den Majors – den wichtigsten und größten Währungen – vorhanden.

Beim Handel mit Futures sollte stets beachtet werden, dass der Preis eines Futures möglicherweise geringfügig vom Wechselkurs im Spot-Markt abweicht. Diese Abweichung lässt sich durch die Zinsdifferenz zwischen den beiden gehandelten Währungen erklären, wie bereits im Abschnitt über Forwards beschrieben wurde.

4.4. Optionsscheine

Im Gegensatz zu regulären Termingeschäften wie einem Forward oder einem Future stellt eine Option nur ein Recht – und keine Verpflichtung – dar. Der Käufer der Option muss die Option nicht ausführen, sondern kann frei wählen, ob er von seinem Recht Gebrauch machen möchte. Er wird seine Option somit nur dann wahrnehmen, wenn es für ihn finanziell von Vorteil ist.

Der Käufer einer Option erwirbt vom Verkäufer der Option das Recht (die »Option«), eine bestimmte Währung bis zu (oder an) einem bestimmten Tag in der Zukunft (dem »Verfallsdatum« der Option) zu einem heute bereits vereinbarten Preis zu kaufen (»Call-Option«) oder zu verkaufen (»Put-Option«). Da der Käufer der Option das Recht nicht nutzen muss, sondern es auch verfallen lassen kann, ist die Option kein zweiseitig bindender Vertrag.

Notiert der Wechselkurs am Ausführungstag über dem Ausführungspreis (beziehungsweise unterhalb bei einem Put), besitzt die Option einen Wert, und man wird sie ausüben. Ansonsten verfällt sie wertlos. Für dieses Recht muss man dem »Schreiber« der Option eine gewisse Entschädigung bezahlen – den Preis der Option.

Optionsscheine verbriefen ein Optionsrecht und werden an einer Börse notiert. Sie werden von einer Reihe von Geschäftsbanken emittiert und können wie ganz gewöhnliche Wertpapiere über eine Börse gehandelt werden. Zusätzlich bieten einige der Banken auch einen Direkthandel an. Hier entfällt die Gebühr für den Börsenhandel; zudem bieten die Banken häufig längere Handelszeiten.

Im Gegensatz zu regulären Optionen kann man bei Optionsscheinen nur eine Long-Position eingehen. Das Eingehen einer Stillhalterposition – das heißt das Schreiben von Optionsscheinen – ist als Privatperson nicht möglich. Ein Großteil der vielfältigen Trading-Strategien, die mit klassischen Optionen möglich sind, lässt sich mit Optionsscheinen daher häufig nicht nachvollziehen.

Optionsscheine erfreuten sich unter Privatanlegern einer enormen Popularität, die durch die Einführung der Hebelprodukte in den zurückliegenden Jahren allerdings ein wenig nachgelassen hat – vor allem aufgrund der intransparenten Preisentwicklung der Optionsscheine. Beim Handel mit diesen sollte man beachten, dass neben der Entwicklung des Underlyings – bei Devisen somit dem Wechselkurs – eine Reihe weiterer Faktoren Einfluss auf den Preis des Optionsscheins hat. So kann man trotz einer korrekten Prognose des Wechselkurses Verluste erleiden, wenn sich andere Einflussfaktoren auf den Preis des Optionsscheins wie beispielsweise die Volatilität gegen einen entwickeln.

4.5. Hebelprodukte

Hebelprodukte stellen eine noch relativ junge Finanzinnovation dar. Sie erlauben dem Anleger, sowohl von fallenden als auch von steigenden Kursen zu profitieren. Zusätzlich ergibt sich eine Hebelwirkung auf das eingesetzte Kapital. Sie erfreuen sich auf dem Deutschen Markt einer großen Beliebtheit, und dementsprechend schnell sind das Handelsvolumen in diesen Produkten und auch die Anzahl der angebotenen Underlyings gestiegen. Da viele Emittenten ihren Produkten unterschiedliche Bezeichnungen geben, herrscht inzwischen aber eine verwirrende Namensvielfalt. Die Funktionsweise beziehungsweise die Auszahlungsprofile der Produkte sind aber beinahe identisch.

Viele private Händler sind in den vergangenen Jahren von Optionsscheinen auf Hebelprodukte umgestiegen, da die Preisbildung hier deutlich transparenter ist: Weitere Variablen wie die Volatilität sowie der Zeitwertverlust haben nur einen geringen Einfluss und beeinträchtigen den Preis des Hebelproduktes kaum. Aufgrund des Hebeleffektes werden Hebelprodukte häufig auch als Verwandte der Futures bezeichnet; sie besitzen aber im Gegensatz zu diesen ein so genanntes Knock-out-Level. Über- beziehungsweise unterschreitet der Basiswert dieses Niveau, verfällt das Papier wertlos oder zu einem festgelegten Preis. Das Risiko ist somit – wie bei Optionsscheinen auch – auf den Preis des Hebelproduktes beschränkt und nicht wie bei Futures unbegrenzt.

4.6. Vor- und Nachteile

Viele Einsteiger am Devisenmarkt stehen vor dem Problem, wie sie von den Wechselkursschwankungen profitieren können. Hierzu gibt es eine große Bandbreite an Möglichkeiten, die alle eine Reihe von Vor- und Nachteilen haben. Die populärsten und wichtigsten Finanzinstrumente wurden in diesem Kapitel aufgeführt.

Neben den hier vorgestellten Produkten gibt es noch eine Vielzahl an weiteren Möglichkeiten, von Wechselkursschwankungen zu profitieren. Dazu gehören beispielsweise sogenannte Contracts for Difference

(CFDs), die sich vor allem in England einer großen Beliebtheit erfreuen, sich am deutschen Markt bisher aber nicht durchsetzen konnten.

Um den Entscheidungsprozess weiter zu erleichtern, für welches Finanzinstrument man sich entscheiden soll, um von den Fluktuationen am Devisenmarkt zu profitieren, wird im Folgenden noch einmal auf die Vor- und Nachteile der einzelnen Produkte eingegangen. Eine generell beste Lösung gibt es aber nicht, da die Wahl des Handelsinstruments unter anderem von der Risikobereitschaft, dem bereitstehenden Kapital und dem Handelsstil wesentlich beeinflusst werden sollte.

Spot-Handel

Der Spot-Handel über einen Fx-Broker stellt vermutlich die einfachste Art und Weise da, von Wechselkursschwankungen zu profitieren. Der größte Vorteil des Kassa-Handels ist die transparente Preisentwicklung, da man hier nicht ein derivatives Finanzprodukt handelt, sondern das Underlying selber. Einflussfaktoren wie beispielsweise die Volatilität haben auf den Wechselkurs keinen Einfluss und führen daher nicht zu einem »verzerrten« Preis.

Allerdings hat der Handel über einen Fx-Broker auch eine Reihe von Nachteilen. Zum einen benötigt man ein weiteres Konto, zum anderen ist man stets »Market-User«. Der Broker agiert dagegen stets als Market-Maker, das heißt der Spread (die Differenz zwischen An- und Verkaufskurs) fällt bei jeder Transaktion an. Darüber hinaus kennt der Broker die eigene Position, könnte theoretisch also einen ungünstigen Kurs stellen.

Vorteile:	Nachteile:
▶ transparente Preisentwicklung ▶ konstanter Spread (je nach Broker) ▶ Handel rund um die Uhr ▶ niedrige Sicherheitsleistung (Margin) notwendig ▶ garantierte Liquidität, da der Broker als Market-Maker agiert ▶ in der Regel keine Transaktionskosten	▶ weiteres Konto notwendig ▶ Broker verwaltet Kapital und ist Handelspartner ▶ stets Market-User ▶ teilweise fehlende Regulierung der Broker ▶ nur Währungspaare, die vom Broker angeboten werden

Der Spot-Handel mit Devisen eignet sich für alle Trader. Der größte Nachteil ist die Eröffnung eines weiteren Kontos, die weiteren Punkte stellen bei Wahl eines renommierten Brokers nur eine geringe Gefahr da.

Futures

Für den Handel mit Futures spricht eine Reihe von Gründen, weswegen sie sich unter professionellen Privatanlegern auch einer hohen Beliebtheit erfreuen. Vorteilhaft sind vor allem die Spreads, die teilweise deutlich enger sind als im privaten Handel über einen Fx-Broker. Des Weiteren kann man im Fx-Futures-Markt auch als Market-Maker agieren, muss also nicht jedes Mal den Spread bezahlen. Allerdings fallen dafür im Gegensatz zum Spot-Handel Transaktionskosten an.

Gerade für Einsteiger, die lediglich einen Eindruck vom Devisenmarkt gewinnen möchten, stellt sich die Kontraktgröße allerdings als zu groß heraus. Auch gibt es nur eine geringe Auswahl an liquiden Kontrakten. Durch den Einfluss des Zinses weicht der Futures-Kurs meist auch geringfügig vom Spot-Kurs ab, was zu einer leicht intransparenten Preisentwicklung führt.

Vorteile:	Nachteile:
▶ geringe Spreads	▶ Einfluss des Zinses ▶ geringe Auswahl an liquiden Währungspaaren ▶ leicht eingeschränkte Handelszeiten ▶ Kontrakte müssen manuell gerollt werden, wenn man langfristige Positionen handelt

Futures eignen sich für Trader mit Erfahrung und einem hohen Risikokapital, die lediglich in den Majors handeln möchten. Da man auch Kurse stellen kann und ein liquider Handel nicht rund um die Uhr stattfindet, bieten sich Futures vor allem für kurzfristige Trader an.

Optionsscheine

Besitzt man bereits ein Konto bei einem Broker in Deutschland, ist die Wahrscheinlichkeit hoch, dass man darüber auch Optionsscheine handeln kann. Es gibt eine große Bandbreite an Underlyings (das heißt handelbare Wechselkurse), auf die Optionsscheine mit einer Vielzahl an Laufzeiten angeboten werden. Da ein Rollen bei Optionsscheinen nicht erforderlich ist, lassen sich auch langfristige Prognosen ohne großen Aufwand umsetzen.

Ein großer Nachteil beim Handel mit Optionsscheinen ist jedoch die Preisfindung. Der Preis eines Optionsscheins hängt nicht nur von der Entwicklung des Underlyings ab, sondern auch von weiteren Einflussfaktoren wie beispielsweise der Volatilität. Um erfolgreich zu handeln, sind somit neben der korrekten Prognose auch detaillierte Produktkenntnisse erforderlich.

Vorteile:	Nachteile:
▶ Verluste begrenzt auf Einsatz ▶ große Auswahl an Underlyings	▶ intransparente Preisentwicklung aufgrund mehrerer Einflussfaktoren ▶ teilweise hohe Spreads ▶ eingeschränkte Handelszeiten

Optionsscheine sind ein interessantes Produkt für Investoren, die eine langfristige Position in einer Währung eingehen möchten und sich mit den Eigenheiten von Optionen auskennen.

Hebelprodukte

Auch Hebelprodukte lassen sich in der Regel mit einem gewöhnlichen Depot handeln. Im Gegensatz zu Optionsscheinen sind die angebotenen Laufzeiten strukturbedingt in der Regel deutlich kürzer – dafür ist die Preisentwicklung von Hebelprodukten aber weitaus transparenter. Der Einfluss anderer Faktoren ist hier vernachlässigbar gering.

Das Angebot an Hebelprodukten ist aufgrund des starken Wettbewerbs unter den Emittenten mittlerweile beinahe unüberschaubar, sodass auch hier eine große Bandbreite an handelbaren Währungspaaren zur Auswahl steht.

Vorteile:	Nachteile:
▶ Verluste begrenzt auf Einsatz ▶ große Auswahl an Underlyings	▶ teilweise hohe Spreads ▶ eingeschränkte Handelszeiten ▶ keine langen Laufzeiten

Hebelprodukte eignen sich gut für kurz- bis mittelfristig agierende Trader, die kein weiteres Konto eröffnen möchten.

5 Analyse-Ansätze

Obwohl es eine Vielzahl an verschiedenen Trading-Stragien gibt, basieren die meisten Handelsansätze auf zwei Analysemethoden: der Fundamentalen oder der Technischen Analyse.

Die Fundamentale Analyse beschäftigt sich mit den Ursachen von Wechselkursschwankungen. Betrachtet werden somit die Einflussfaktoren, die das Ungleichgewicht zwischen Angebot und Nachfrage auslösen. Analysten schauen im Devisenmarkt vor allem auf ökonomische Faktoren der Währungsräume, aber auch politische Events sowie die Zentralbanken werden in die Analyse mit einbezogen.

Die Technische Analyse dagegen setzt sich lediglich mit der historischen Kursentwicklung des Wechselkurses auseinander – die zugrunde liegenden Einflussfaktoren finden keine Beachtung. Analysten versuchen, aus der historischen Kursentwicklung eine Aussage über die künftige Entwicklung zu treffen.

Beide Ansätze haben ihre Befürworter und ihre Gegner – und mit beiden Ansätzen wird Geld gewonnen und verloren. Eine generelle Aussage, welcher Ansatz erfolgversprechender ist und mit welchem man mehr Geld verdienen kann, lässt sich nicht treffen. Vielmehr hängt es von der eigenen Persönlichkeit ab, für welchen Ansatz man sich schlussendlich entscheidet. Natürlich ist auch eine Kombination beider Analysemethoden möglich.

In einer Untersuchung aus dem Jahr 2003 wurden professionelle Marktteilnehmer befragt, welchen Ansatz sie für die Prognose nutzen und welchen Zeithorizont sie dabei verfolgen (vgl. Abbildung 13). Der Report zeigt, dass institutionelle Trader im kurzfristigen Bereich vor allem auf die Analyse von Flows zurückgreifen. Hierunter versteht man unter anderem die Analyse von Kundenordern, aber auch das »Lesen« des Kurs-Tickers. Im mittelfristigen Bereich überwiegt der Einsatz der Technischen

Analyse, während langfristige Aussagen im institutionellen Handel vor allem anhand der Fundamentalen Analyse getroffen werden.

Im Vergleich zum privaten Händler nutzen institutionelle Trader aber häufig einen ganzheitlicheren Ansatz. So konzentrieren sich viele kurzfristige Trader in Banken nicht nur auf die Analyse der Flows, sondern lassen auch Erkenntnisse aus der Fundamentalen und der Technischen Analyse in ihre Handelsentscheidungen mit einfließen. Private Trader dagegen konzentrieren sich meist auf nur eine Methode und vernachlässigen mögliche Erkenntnisse aus anderen Ansätzen.

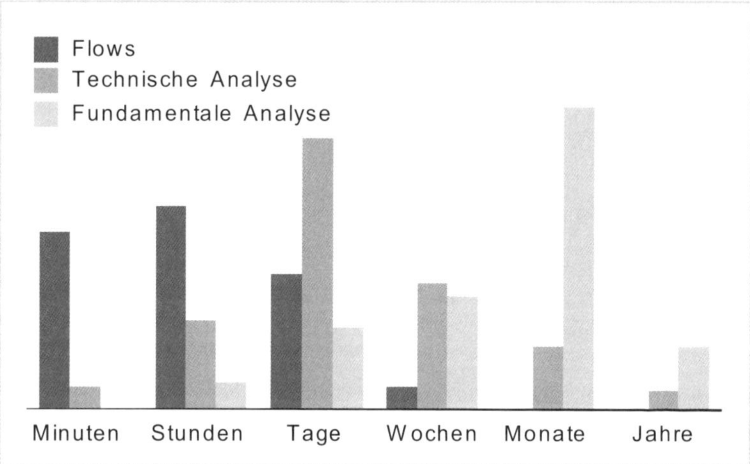

Abb. 13: Handelsansätze von institutionellen Marktteilnehmern in Abhängigkeit vom Zeithorizont

5.1. Fundamentale Analyse

Viele Ökonomen stützen ihre Analysen auf Prognosemodelle. Diese Modelle versuchen, einen Zusammenhang zwischen einzelnen Einflussgrößen und der Wechselkursentwicklung herzustellen. Der Nachteil dieser Modelle liegt in ihrer starken Vereinfachung: Meist konzentrieren sich diese lediglich auf eine einzelne Einflussgröße.

Ein anderer Ansatz in der Fundamentalen Analyse ist ganzheitlicher: Hierbei wird die Veröffentlichung von Wirtschaftsdaten beobachtet. Sind diese positiv für einen Währungsraum zu interpretieren, geht man von einer Aufwertung der Währung aus. Das Problem hierbei ist die schiere Komplexität, da sich die Entwicklung eines Währungsraumes nicht nur in einigen Kennzahlen zusammenfassen lässt, sondern vielmehr auch die Interdependenzen beachtet werden müssen und daraus schlussendlich auch eine Prognose abgeleitet werden muss.

5.1.1. Kaufkraftparität

Die Kaufkraftparität ist unter Ökonomen die populärste Theorie, um Wechselkursschwankungen zu erklären und Prognosen über die künftige Entwicklung des Tauschverhältnisses abzuleiten. Der Theorie zufolge passt sich der Wechselkurs zwischen zwei Währungen so an, dass der Preis eines Güterkorbs in beiden Währungsräumen identisch ist. Mit dem gleichen Betrag Geld – unabhängig davon, in welcher Währung dieser ist – kann man somit das gleiche Güterbündel in beiden Währungsräumen kaufen. Die Kaufkraft beider Währungen ist beim Gleichgewichtswechselkurs – dem Kurs, der von der Kaufkraftparität prognostiziert wird – somit identisch.

Weicht der tatsächliche Wechselkurse zu stark von diesem theoretischen Gleichgewichtskurs ab, besteht eine Arbitrage-Möglichkeit, sodass der Kurs mittelfristig wieder zu seinem Gleichgewicht zurückkehren sollte. Unter Arbitrage versteht man das Ausnutzen von Preisunterschieden bei identischen Gütern. Eine Arbitrage-Möglichkeit ergibt sich, wenn zum Beispiel der Preis eines identischen Computers in den USA und in Europa voneinander abweicht. Laut der Theorie sollte der Preis des PCs in beiden Ländern – natürlich umgerechnet in die entsprechende Währung – identisch sein. Ist dies nicht der Fall, kommt es zu Arbitrage. Marktteilnehmer würden den PC in dem günstigeren Land einkaufen und in dem teureren Land verkaufen. Dieser Prozess würde so lange anhalten, bis sich die Preise aufgrund von Angebot und Nachfrage angeglichen haben.

Ein populäres Beispiel für das Kaufkraft-Modell (engl.: Purchasing Power Parity) ist der sogenannte Big-Mac-Index. Dieser stark vereinfachte Kaufkraft-Index, der regelmäßig von der Zeitschrift *The Economist* veröffentlicht wird, basiert auf einer weltweiten Übersicht über die Preise für einen Hamburger (»Big Mac«) in einem McDonald's-Restaurant. Vorteil dieses Index ist, dass es sich hierbei um ein homogenes Produkt handelt, das fast auf der ganzen Welt vertrieben wird. So kostet ein Big Mac in den USA beispielsweise durchschnittlich 3,06 US-Dollar, während der durchschnittliche Preis in Europa bei 2,92 Euro liegt.

Laut der Kaufkrafttheorie ergibt sich somit ein theoretischer Wechselkurs zwischen dem US-Dollar und dem Euro von 3,06 / 2,92 = 1,05. Bei diesem Wechselkurs würde der Big Mac in beiden Ländern identisch viel kosten. Dem Konsumenten wäre es somit egal, ob er 2,92 Euro in Europa bezahlen würde oder ob er ihn in den USA für 3,06 US-Dollar (entspricht ebenfalls 2,92 Euro – 3,06 US-Dollar / 1,05) verzehren würde. Weicht der aktuelle Wechselkurs von dem theoretischen ermittelten Wert (EUR/USD = 1,05) ab, ergibt sich eine Arbitrage-Möglichkeit. Notiert der EUR/USD-Wechselkurs auf dem Devisenmarkt beispielsweise bei 1,20, ist der Euro laut Kaufkrafttheorie um knapp 14 Prozent überbewertet. Laut dem Kaufkraftmodell würde man eine Rückkehr zur Parität von 1,05 US-Dollar je Euro erwarten. Gleiches gilt natürlich auch für eine Unterbewertung des Euros.

Vergleicht man die Preise in der Realität, wird man häufig große Abweichungen entdecken. Es zeigt sich, dass es zu lang anhaltenden Ungleichgewichten kommt und die Theorie nur bedingt zur Prognose von Wechselkursen geeignet ist. Grund hierfür sind vor allem die Annahmen des Modells. So geht das Modell der Kaufkraftparität beispielsweise davon aus, dass keine Handelsbarrieren wie Zölle bestehen und dass es keine Transport- und Transaktionskosten gibt.

5.1.2. Zinsparität

Die Theorie der Zinsparität (engl.: Interest Rate Parity) sagt aus, dass sich der Wechselkurs gemäß der Zinsdifferenz zwischen zwei Währungsräumen entwickelt. Das Modell geht davon aus, dass man nicht von unterschiedlichen Zinsen in zwei Währungsräumen profitieren kann. Vielmehr wird der Zinsvorteil eines Währungsraums von einer entgegengesetzten Wechselkursbewegung ausgeglichen.

Im folgenden Beispiel wird angenommen, dass der Wechselkurs zwischen dem Britischen Pfund und dem US-Dollar bei 1,60 liegt. Des Weiteren erhält man in England für ein Jahr vier Prozent Zinsen, während der Zinssatz in den USA bei zwei Prozent liegt. Ein Investor könnte somit in den USA 1.000 US-Dollar zu zwei Prozent aufnehmen, die geliehenen US-Dollars in Britische Pfund konvertieren (1.000 / 1,60 = 625 Pfund) und diese anschließend zu vier Prozent anlegen. Nach einem Jahr wäre dieser Betrag auf 650 Pfund angewachsen, während seine Schulden inklusive Zinsen nun 1.020 US-Dollar betragen. Beträgt der Wechselkurs nach wie vor 1,60, wären seine 650 Pfund nun 1.040 US-Dollar wert, und er könnte einen Profit von 20 US-Dollar verbuchen.

Die Zinsparitätstheorie geht davon aus, dass sich nach dem einen Jahr ein Wechselkurs von 1,5692 (= 1.020 / 650) zwischen dem Britischen Pfund und dem US-Dollar einstellt. Die 650 Britischen Pfund entsprechen nun genau den 1.020 US-Dollar. Laut der Theorie wertet das Britische Pfund im Vergleich zum US-Dollar also ab und ist weniger wert als ein Jahr zuvor. Wäre dies nicht der Fall, könnte ein Investor von der Zinsdifferenz profitieren. Das Modell besagt somit, dass man von der Zinsdifferenz zwischen zwei Währungen nicht profitieren kann.

Die Realität bescheinigt dem Modell nur bedingt Vorhersagekraft, häufig stellt sich sogar das genaue Gegenteil ein. Statt einer Abwertung der höher verzinsten Währung kommt es häufig sogar zu einer Aufwertung, da die Investoren von den hohen Zinsen in die Währung gelockt werden und somit verstärkt diese Währung nachfragen. Aufgrund des Nachfrageüberhangs der hoch verzinsten Währung und des hohen Angebots der gering verzinsten Währung kommt es schließlich zu der Aufwertung. Dieser Trade – Aufnehmen eines Kredits in einer niedrig verzinsten Währung und Anlage des Geldes in einer höher verzinsten Währung – wird übrigens auch als Carry-Trade bezeichnet und erfreut sich vor allem unter Hedge-Fonds großer Beliebtheit.

Obwohl das Modell nur eine geringe Aussagekraft hat: Zinsentwicklungen haben einen sehr großen Einfluss auf den Devisenmarkt und lösen häufig starke Schwankungen aus. Da sich viele Notenbanken bei der Festlegung der Leitzinsen an den Inflationsdaten orientieren, sollte man stets auch die Teuerungsrate im Auge behalten.

5.1.3. Ökonomische Kennzahlen

Keines der beiden hier vorgestellten Modelle vermag eine eindeutige Prognose der Wechselkurse – auch bei der Analyse von Devisen gibt es keinen »Holy Grail«. Trotzdem ist es empfehlenswert, sich mit den Modellen auseinanderzusetzen, da diese zu einem besseren Verständnis der Funktionsweise und der Zusammenhänge des Devisenmarktes beitragen.

Statt mit den klassischen Modellen lassen sich Währungsräume aber auch anhand ökonomischer Indikatoren analysieren. Die ökonomische Situation eines Währungsraums hat sowohl mittel- als auch langfristig großen Einfluss auf den Wechselkurs der Währung. Die regelmäßig veröffentlichen Konjunkturindikatoren erlauben eine umfassendere Bewertung der ökonomischen Situation eines Währungsraumes.

Es gibt eine große Bandbreite an Einflussfaktoren, die den Wechselkurs beeinflussen. Da es sich bei einer Volkswirtschaft um ein äußerst komplexes System handelt, ist es nicht weiter verwunderlich, dass Trader eine Vielzahl von Daten im Auge behalten. Auf den kommenden Seiten sollen die wichtigsten Konjunkturindikatoren kurz vorgestellt werden.

Generell lassen sich Indikatoren in vorauslaufende, Präsenz- und nachlaufende Indikatoren unterscheiden. Während Erstere der gesamtwirtschaftlichen Entwicklung vorauslaufen, spiegeln Präsenzindikatoren die aktuelle Situation wider. Nachlaufende Indikatoren zeigen eine wirtschaftliche Veränderung erst dann an, wenn diese bereits stattgefunden hat. Obwohl sich die Daten auf die Vergangenheit beziehen, erlauben sie dennoch wichtige Schlussfolgerungen über die Situation einer Volkswirtschaft.

Realwirtschaftliche Indikatoren	
Bruttoinlandsprodukt (BIP) Gross Domestic Product (GDP)	Das Bruttoinlandsprodukt gibt Auskunft über die wirtschaftliche Leistung eines Landes. Es spiegelt den monetären Gegenwert aller produzierten Güter und Dienstleistungen innerhalb einer Periode wider. Die Interpretation der Zahlen ist allerdings problematisch: Ein gesteigertes BIP aufgrund von Exporten ist positiv für die Heimatwährung. Basiert der Zuwachs dagegen auf Lagerbestandserhöhungen, hat dies negative Auswirkungen auf den Wechselkurs.
Industrieproduktion Industrial Production	Dieser Indikator gibt Auskunft über die Produktion im sekundären Sektor. Der Index gilt als Vorläufer des Bruttoinlandsprodukts.
Einzelhandelsumsätze Retail-Sales	Die Einzelhandelsumsätze entsprechen den gesamten Einnahmen von Einzelhandelsgeschäften innerhalb einer bestimmten Periode. Der Indikator gibt Auskunft über das Konsumverhalten von Privatpersonen.
Handelsbilanz Trade Balance	Die Handelsbilanz gibt unter anderem Auskunft über die Ex- und Importe eines Landes. Die Konjunktur in Deutschland ist stark von den Exporten abhängig, sodass der Veröffentlichung eine große Bedeutung zukommt. Ein Konjunkturaufschwung in Deutschland geht in der Regel mit einem höheren Export einher.
Netto-Kapitalimporte Net Long-Term Flows	Die Netto-Kapitalimporte geben an, wie viel Geld in das Land fließt. Der Indikator wird vor allem in den USA aufgrund des hohen Außenhandelsbilanzdefizits stark beachtet.
Lagerbestände Business Inventories	Der monatlich veröffentlichte Indikator gibt einen Überblick über die Lagerbestände der Industrie- und Handelsunternehmen.
Langlebige Wirtschaftsgüter Durable Goods	Die Veröffentlichung der »Durable Goods« gibt den Gegenwert der Bestellungen von langlebigen Verbrauchsgütern an. Diese sind ein Indiz für das künftige gesamtwirtschaftliche Produktionsniveau.
Auftragseingänge Factory Orders	Auftragseingänge geben Rückschlüsse auf das Volumen der gesamten Industrieaufträge.

Housing Starts	Der Indikator gibt die Anzahl der Anträge für Neubauten von Einfamilienhäusern wieder. Er wird den vorauslaufenden Indikatoren zugerechnet, das heißt, er nimmt die realwirtschaftliche Entwicklung vorweg. Verwandt mit den »Housing Starts« sind die »New Home Sales« und die »Existing Home Sales«. Diese geben einen Überblick über den Immobilienmarkt und den Handel mit Immobilien.
Preisindikatoren & Inflation	
Konsumentenpreisindex Consumer Price Index (CPI)	Der Konsumentenpreisindex ist eine Maßzahl für die Preisentwicklung von Konsumgütern, das heißt für die Inflation. Um den Einfluss von volatilen Gütern auszuschließen, wird vor allem die sogenannte Kernrate (»Core Rate«) beachtet. Hier wird die Preisentwicklung von schwankungsanfälligen Produkten wie Nahrungsmitteln und Energie herausgerechnet. Da der Index unter anderem Grundlage für die Zinsentscheidungen der Notenbanken ist, wird die Kennzahl von Marktteilnehmern stark beachtet.
Produzentenpreisindex Producer Price Index (PPI)	Im Gegensatz zum Konsumentenpreisindex werden beim Produzentenpreisindex nicht die Preise im Einzelhandel erfasst, sondern auf Produktionsebene. Daher verfügt der Indikator über eine gewisse Vorlaufzeit gegenüber dem Konsumentenpreisindex, da höhere Preise in der Regel erst mit einer Zeitverzögerung an die Konsumenten weitergegeben werden.
Zinsen und Notenbanken	
EZB-Rat FOMC	Das »Federal Open Market Committee« (FOMC) ist das primäre Gremium der amerikanischen Notenbank. Bei den Treffen werden unter anderem die Leitzinsen der USA (»Fed Funds Rate«) festgelegt. Das Pendant im Euro-Raum zum FOMC ist der EZB-Rat.
Arbeitsmarktdaten	
Employment Cost Index (ECI)	Dieser quartalsweise erhobene Bericht misst die Vergütung von Arbeitnehmern in den USA. Der Indikator bietet in einem eingeschränkten Rahmen Rückschlüsse auf die Inflation, da ein höheres Gehalt häufig für mehr Konsum – der wiederum die Inflation erhöht – genutzt wird.

Initial Jobless Claims	Der Indikator gibt wöchentlich die Anzahl der Erstanträge auf Arbeitslosenhilfe in den USA an. Er erlaubt Rückschlüsse auf die allgemeine Situation und die Entwicklung des US-Arbeitsmarktes.
Arbeitsmarktdaten Employment Situation	Die Veröffentlichung von Arbeitsmarktdaten hat stets großen Einfluss auf die Märkte, da eine Vielzahl von weiteren Variablen vom Arbeitsmarkt beeinflusst wird. Bei der Interpretation sollte man stets auf saisonale Verzerrungen achten.
Stimmungsindikatoren	
Consumer Confidence Index Consumer Sentiment Index	In den USA durchgeführte Umfragen über das Konsumentenverhalten und -vertrauen. Beide Indikatoren basieren auf Umfragen und werden monatlich veröffentlicht. Da das amerikanische Bruttoinlandsprodukt vergleichsweise stark vom privaten Konsum beeinflusst wird, genießen die Indikatoren hohe Aufmerksamkeit. Die Vertrauensindizes zeigen die aktuelle Stimmung der privaten Konsumenten an und geben einen guten Ausblick auf das künftige Kaufverhalten.
Einkaufsmanagerindex (ISM) Purchasing Manager Index (PMI)	Der Einkaufsmanagerindex basiert auf einer monatlichen Umfrage unter Einkaufsmanagern über deren Einschätzung der Geschäftslage. Der Indikator weist eine Vorlaufeigenschaft von ungefähr einem halben Jahr gegenüber der realwirtschaftlichen Entwicklung auf und wird aufgrund seiner guten Prognosekraft stark beachtet. In den USA wird kurz vor Veröffentlichung des PMI stets der Einkaufsmanagerindex für den Wirtschaftsraum Chicago veröffentlicht, der in der Regel bereits ein gutes Indiz für die Entwicklung des nationalen Index gibt.
ifo-Geschäftsklimaindex	Der ifo-Geschäftsklimaindex ist ein Frühindikator für die konjunkturelle Entwicklung in Deutschland. Der Index wird durch monatliche Umfragen unter Unternehmen ermittelt, die ihre aktuelle Lage sowie die künftige Geschäftsentwicklung einschätzen. Aufgrund seiner guten Prognosequalität genießt der Indikator in Deutschland hohe Aufmerksamkeit unter Finanzmarktteilnehmern.
ZEW-Konjunkturerwartungen	Für den monatlich erscheinenden Indikator werden Volkswirte und Finanzmarktteilnehmer zu ihrer Erwartung über die Konjunktur im jeweils kommenden halben Jahr befragt.

In einer 1999 veröffentlichten Studie hat das »National Bureau of Economic Research« den Einfluss anhand der nach der Veröffentlichung ausgelösten Preisschwankungen untersucht. Die höchste Schwankungen wurden demnach durch folgende Veröffentlichungen ausgelöst:

1. Arbeitslosenzahlen
2. Zinsen / Zinsentwicklung
3. Inflation
4. Zahlungsbilanz / Handelsbilanz
5. BIP

Bei der Interpretation der Zahlen sollte man die veröffentlichte Zahl stets in Relation zur Marktmeinung bewerten. Erwartet der Großteil aller Marktteilnehmer beispielsweise einen Anstieg der Arbeitslosenquote auf zehn Prozent, ist dies bereits im Markt »eingepreist«, das heißt, ein Großteil der Marktteilnehmer hat sich bereits dementsprechend positioniert. Wird die Zahl nun tatsächlich mit zehn Prozent veröffentlicht, hat dies vermutlich nur einen geringen Einfluss. Fällt die Arbeitslosenquote mit neun Prozent aber unerwartet gering aus, könnte dies zu einer starken Aufwertung der Währung führen – obwohl die Zahl an sich gesehen eigentlich negativ interpretiert werden müsste. Daher ist es wichtig, veröffentlichte Zahlen stets in Relation zu den Erwartungen zu bewerten.

Des Weiteren sollte man darauf achten, dass einige Veröffentlichungen wie zum Beispiel die Erstanträge auf Arbeitslosenhilfe in den USA anfällig für Revisionen sind. Daher empfiehlt es sich, bei diesen Daten auf Durchschnitte aus den letzten fünf Veröffentlichungen zurückzugreifen. Somit können volatile Ausreißer gefiltert werden, die später möglicherweise korrigiert werden.

5.2. Technische Analyse

Obwohl sich die Ursprünge der Technischen Analyse bis zumindest Anfang des 18. Jahrhunderts nach Japan zurückverfolgen lassen und sie auch Ende des 19. Jahrhunderts bereits in den USA angewendet wurde, erfreut sie sich erst seit relativ kurzer Zeit einer wachsenden Beliebtheit.

Die häufig auch als Chartanalyse bezeichnete Methodik wendet einen sich stark von der Fundamentalen Analyse unterscheidenden Ansatz an. Fundamentaldaten oder Ratios finden bei der Technischen Analyse keine Anwendung. Stattdessen versucht man, anhand der historischen Kursentwicklung auf die Zukunft zu schließen beziehungsweise eine Prognose über die weitere Preisentwicklung zu erstellen. Für die Prognose werden sogenannte Charts genutzt. Diese stellen die historische Kursentwicklung in unterschiedlichen Zeiteinheiten dar.

Von Kritikern häufig als »Kaffeesatzleserei« verpönt, konnten viele Trader mit dem Einsatz der Technischen Analyse hohe Gewinne erzielen. Dementsprechend ist auch die Beliebtheit dieser Methodik stetig gestiegen. Selbst vergleichsweise konservative Fondsmanager greifen inzwischen häufig auf die Technische Analyse zurück, um ein besseres Timing beim Einstieg in Positionen zu erreichen.

Die Technische Analyse zeichnet sich nicht nur durch ihre einfache, sondern auch universelle Anwendbarkeit aus. So sind die grundsätzlichen Aussagen und Methoden der Technischen Analyse auf jeden Finanzmarkt anwendbar - sowohl auf den Handel mit Agrarprodukten als auch mit Devisen.

Unabhängig davon, welches Produkt man schließlich handelt, um von den Wechselkursschwankungen zu profitieren: Die Analyse sollte stets auf Basis des Spot-Kurses erfolgen, auch wenn der Trade beispielsweise mit Hilfe eines Hebelproduktes umgesetzt wird. Da es sich bei den im vorhergehenden Kapitel vorgestellten Finanzprodukten um derivative Instrumente handelt, leitet sich deren Kurs stets vom Spot-Wechselkurs ab. Da aber weitere Einflussfaktoren wie beispielsweise die Volatilität den Wechselkurs dieser derivativen Produkte verzerrt, sollte für die Analyse lediglich der Kassakurs verwendet werden.

5.2.1. Methoden

Der Kerngedanke der Technischen Analyse beruht auf der Annahme, dass der Preis zu jedem Zeitpunkt alle verfügbaren Informationen über das Underlying widerspiegelt. Die vergangenen Kurse zeigen somit die historische Entwicklung von Angebot und Nachfrage, die an den Märkten geherrscht hat.

Dementsprechend versucht die Technische Analyse nicht, die Gründe für die historische Entwicklung zu finden. Vielmehr wird versucht, die Meinung und die Reaktionen der Marktteilnehmer – die sich in der Preisentwicklung widerspiegeln – zu untersuchen. Die Technische Analyse nimmt somit Rücksicht auf die Psychologie und das teilweise irrationale Verhalten der Marktteilnehmer, während man bei der Fundamentalen Analyse von rationalen Marktteilnehmern ausgeht.

Obwohl es verschiedene Ansätze bei der Anwendung der Technischen Analyse gibt, beruhen diese alle auf der Annahme, dass die Kursentwicklung nicht zufällig stattfindet, sondern bestimmten Regeln folgt. Diese lassen sich mit Hilfe der Technischen Analyse aufspüren und können anschließend ausgenutzt werden.

Um die historische Preisentwicklung zu analysieren, greifen Analysten auf sogenannte Charts zurück. Diese stellen den vergangenen Kursverlauf in grafischer Form dar. Neben Linien-Charts – diese stellen einfach die historischen Schlusskurse verbunden durch eine Linie dar – finden vor allem Bar-Charts eine weite Verwendung. Bei einem Bar-Chart wird der Kursverlauf einer bestimmten Periode – zum Beispiel eines Handelstags oder einer Fünf-Minuten-Periode – zu einem sogenannten Bar komprimiert. Dieser gibt Auskunft über den Anfangs-/Eröffnungskurs und Schlusskurs während einer bestimmten Periode. Des Weiteren wird der höchste und niedrigste Kurs, der während der Periode gehandelt wurde, dargestellt (vgl. Abbildung 14).

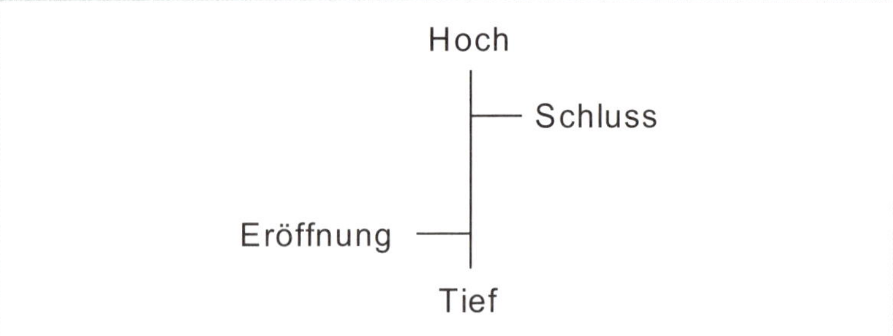

Abb. 14: Aufbau eines Bars

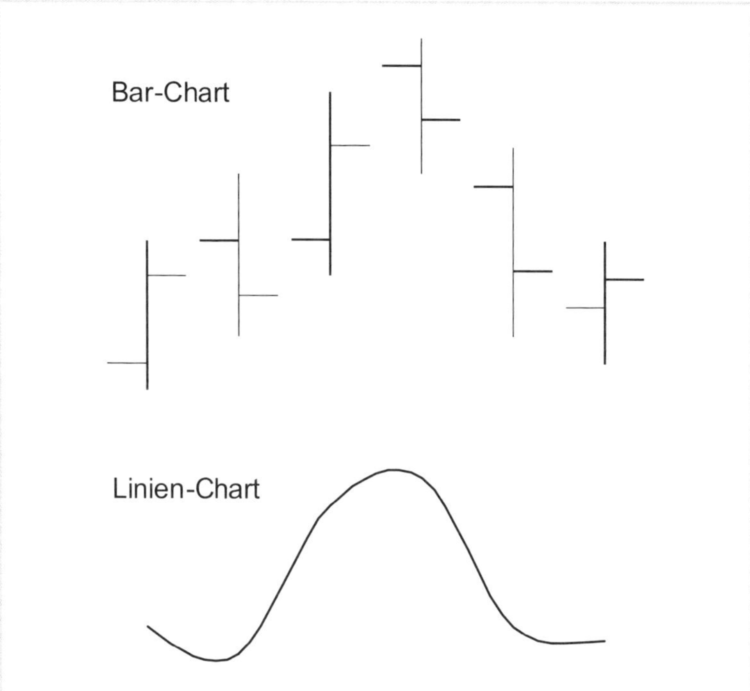

Abb. 15: Vergleich eines Bar- und Linien-Charts

Im Folgenden wird ein kurzer Überblick über die am häufigsten angewandten Konzepte der Technischen Analyse gegeben.

Trends, Widerstände und Unterstützungen
Die grundsätzlichen Ansätze der Technischen Analyse beruhen auf den Arbeiten von Dow und werden dementsprechend häufig auch als Dow-Theorie bezeichnet. Dow hat unter anderem auch den Dow-Jones-Index entwickelt. Er teilte die Bewegung von Kursen in drei Kategorien ein: Aufwärtstrends, Abwärtstrend und Seitwärtsbewegungen (vgl. Abbildung 16). Zusätzlich unterschied er zwischen primären und sekundären Trends. Obwohl es sich im langfristigen Bild (Primärtrend) beispielsweise um einen Aufwärtstrend handelt, kann es kurzfristig immer wieder zu

Bewegungen entgegen dem primären Trend – sogenannten Gegenbewegungen – kommen. Diese werden auch als Sekundärtrend bezeichnet (vgl. Abbildung 17).

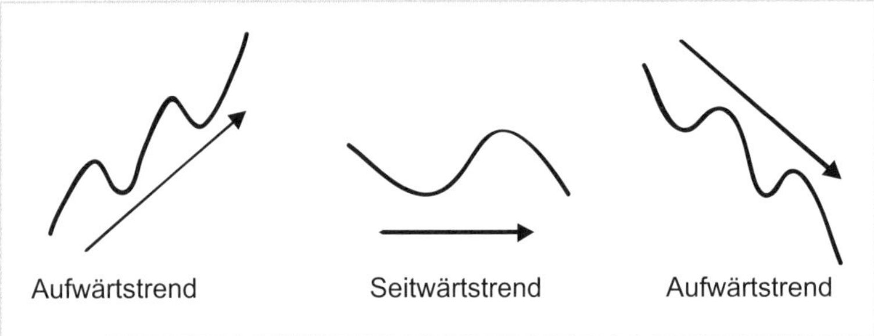

Abb. 16: Aufwärts-, Seitwärts- und Abwärtstrend

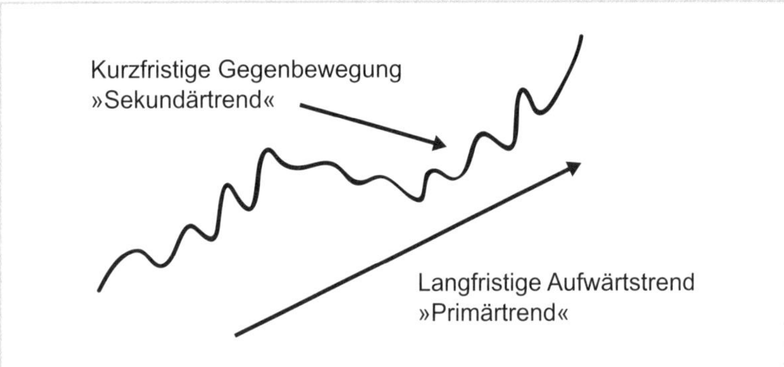

Abb. 17: Primär- und Sekundärtrend

Diese Trends werden häufig mit sogenannten Trendlinien in Charts dargestellt (vgl. Abbildung 18). Solange der Kurs diese Trendlinie nicht durchbricht, geht man davon aus, dass der aktuelle Trend sich weiter fortsetzen wird, und spekuliert in diese Richtung. Über- beziehungsweise unterschreitet der Kurs jedoch diese Trendlinie, spricht man von einem Bruch des Trends und stellt die entsprechende Position glatt (das heißt, man löst die Position auf). Häufig schließt sich nun eine Seitwärtsbewegung an, manchmal bildet sich auch direkt ein entgegengesetzter Trend aus.

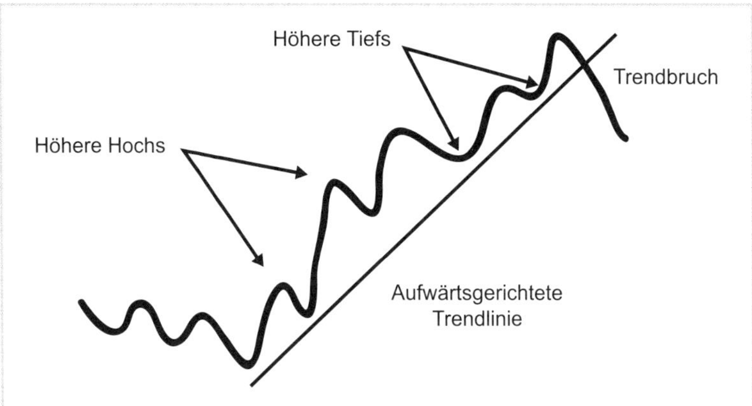

Abb. 18 Trendlinie und Trendbruch

Aufwärtstrends zeichnen sich in der Regel dadurch aus, dass der Markt immer wieder neue Hochs markiert und die darauf folgenden Tiefs höher liegen als die vorherigen Tiefs. Abwärtstrend dagegen weisen in der Regel tiefere Tiefs – begleitend von ebenfalls niedrigeren Zwischenhochs – auf.

Unterstützungen bilden sich aus, wenn der Kurs immer wieder an einer bestimmten Kursmarke »scheitert«. Gelingt es dem Kurs nicht, diese Marke zu überwinden, spricht man von einem Widerstand. Fällt der Kurs dagegen nicht unter ein bestimmtes Niveau, sondern »prallt« immer wieder von dieser Marke ab, spricht man von einer Unterstützung. Durchbricht der Kurs einen Widerstand, agiert dieser in der Zukunft häufig als Unterstützung (vgl. Abbildung 19). Gleiches gilt auch im umgekehrten Fall.

Wie lassen sich nun diese Erkenntnisse im Markt anwenden? Befindet sich ein Wechselkurs beispielsweise in einem langfristigen Aufwärtstrend und nähert sich nun in einer sekundären Gegenbewegung der Trendlinie, spekulieren viele Trader darauf, dass sich der langfristige Trend fortsetzt, und gehen dementsprechend eine Long-Position ein. Um sich vor hohen

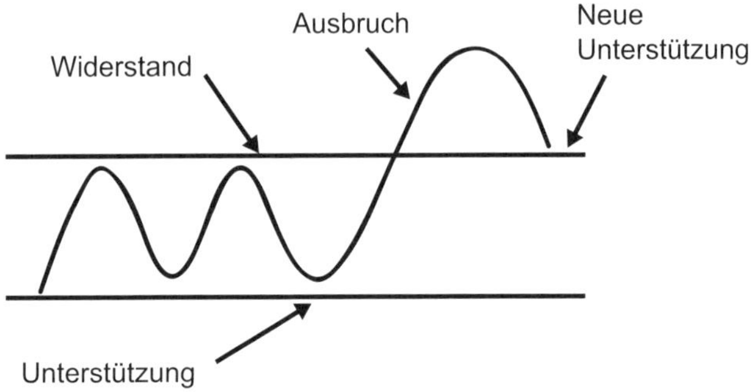

Abb. 19: Widerstand, Unterstützung und Ausbruch

Kursverlusten zu schützen, platzieren professionelle Trader in diesem Fall eine Stop-Order unter der Trendlinie, falls diese doch entgegen der ursprünglichen Prognose durchbrochen wird.

Bei Widerständen und Unterstützungen bieten sich zwei Strategien an. Viele Trader handeln sogenannte Ausbrüche (vgl. Abbildung 19). Dabei handelt es sich um das Überschreiten eines Widerstandes oder das Unterschreiten einer Unterstützung. Wird ein Widerstand überschritten, kommt es in der Folge häufig zu einer starken Kursbewegung, von der viele Trader versuchen zu profitieren. Auf der anderen Seite spekulieren aber auch viele Trader darauf, dass der Kurs erneut von dem Widerstand beziehungsweise der Unterstützung abprallt. Unabhängig davon, welche Strategie man schließlich handelt, sollte man stets Stop-Loss-Aufträge nutzen, um sich vor großen Verlusten zu schützen.

Kursmuster

Kursmuster – im Fachjargon auch als Patterns bezeichnet – gehören neben Trendlinien, Unterstützungen und Widerständen zu den am häufigsten angewandten Prognose-Tools innerhalb der Technischen Analyse.

Die historische Kursentwicklung basiert auf der Interpretation von Informationen und den daraus resultierenden Handelsentscheidungen der

Marktteilnehmer. Das Verhalten der Marktteilnehmer spiegelt sich daher in den Kursen wider. Da sich die Reaktionen der Marktteilnehmer nur allmählich verändern und sich die Verhaltenweisen somit wiederholen, bilden sich auch in den Kursen wiederkehrende Muster aus. Technische Analysten versuchen mit Hilfe dieser Muster nun, Voraussagen über die weitere Kursentwicklung zu treffen.

Im Laufe der Zeit wurde eine große Anzahl dieser Muster identifiziert, wobei viele nur relativ selten zu beobachten sind. Auch folgen diese Muster keinen strengen Gesetzen, sondern es obliegt dem Technischen Analysten, die Kursentwicklung zu interpretieren und zu überprüfen, ob diese mit einem identifizierten Muster übereinstimmt. Daher rührt auch die Aussage, dass die Technische Analyse eher als Kunst und weniger als Wissenschaft anzusehen ist. Obwohl sich die Regeln und Muster in unzähligen Fachbüchern finden lassen, bedarf es langer Übung, um sie erfolgreich anzuwenden.

Generell lassen sich Kursmuster in Fortsetzungsformationen und Umkehrmuster unterscheiden. Während Erstere eine Fortsetzung eines vorangegangenen Trends implizieren, prognostizieren Letztere eine Trendumkehr. Ebenso wie Trendlinien, Unterstützungen und Widerstände lassen sich auch Formationen in allen Zeitebenen einsetzen: Die Ansätze arbeiten sowohl im Intraday- als auch im Wochen- oder Monatschart.

Zu den bekanntesten Fortsetzungsformationen gehören die sogenannten Wimpel und Flaggen. Beide Formationen treten nach einer schnellen Trendbewegung auf und basieren auf einer Konsolidierung. Bei einem Wimpel bewegt sich der Markt bei abnehmender Volatilität seitwärts. Handelt es sich um eine Flagge, konsolidierte der Kurs entgegen der vorangegangenen Trendrichtung (vgl. Abbildung 20). Das Signal beziehungsweise die Formation wird durch einen Ausbruch in der Richtung des vorangegangenen Trends bestätigt. An den Ausbruch schließt sich häufig eine Bewegung an, die im Ausmaß mit der Bewegung vor der Konsolidierung vergleichbar ist.

Die bekannteste Umkehrformation ist das sogenannte Doppel-Top beziehungsweise der Doppel-Boden. Nach einem ausgeprägten Trend kann der Markt kein neues Hoch beziehungsweise kein neues Tief markieren, wie man es eigentlich in einem Trend erwarten würde. Fällt der Kurs in

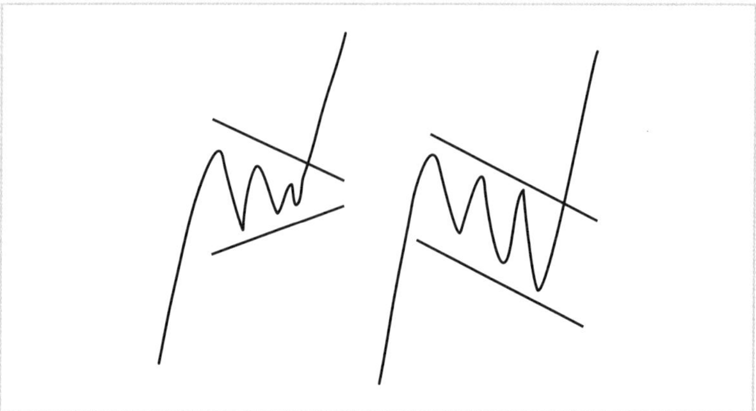

Abb. 20: Wimpel und Flagge

der Folge unter das vorangegangene Zwischentief beziehungsweise überschreitet das letzte Zwischenhoch, handelt es sich um ein Doppel-Top beziehungsweise einen Doppel-Boden (vgl. Abbildung 21).

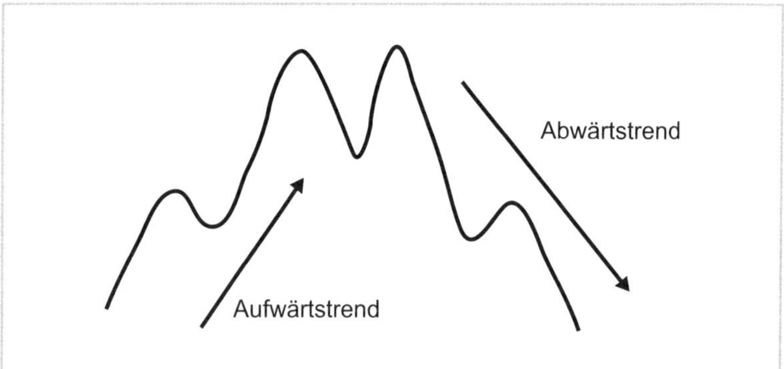

Abb. 21: Doppel-Top

Neben den hier vorgestellten Formationen gibt es noch eine Vielzahl an weiteren Kursmustern.

Kerzen

Zu den ältesten Methoden der Technischen Analyse gehören sogenannte Kerzencharts, besser als »Candlesticks« bekannt. Diese wurden bereits im 18. Jahrhundert von Reishändlern in Japan genutzt. Im Gegensatz zu den bisher vorgestellten Konzepten basiert diese Technik auf der Analyse von häufig nur einer einzelnen Zeiteinheit (zum Beispiel einem Handelstag) und nicht auf der gesamten Historie. Allerdings müssen auch Candlesticks stets im Kontext der vorangegangenen Kursentwicklung betrachtet werden.

Grundlage für die Analyse sind Candlesticks-Charts. Deren Aufbau ist in Abbildung 22 dargestellt. Nutzt man beispielsweise einen Fünf-Minuten-Chart, so spiegelt eine Kerze die Kursentwicklung innerhalb dieser Periode wider. Je nach Kursentwicklung innerhalb der betrachteten Kerzen-Periode ergeben sich unterschiedliche Kerzen. Der Aufbau einer Kerze beziehungsweise die Konstellation mehrerer Kerzen erlaubt Rückschlüsse auf die zugrunde liegende Entwicklung und die Einschätzungen der Marktteilnehmer.

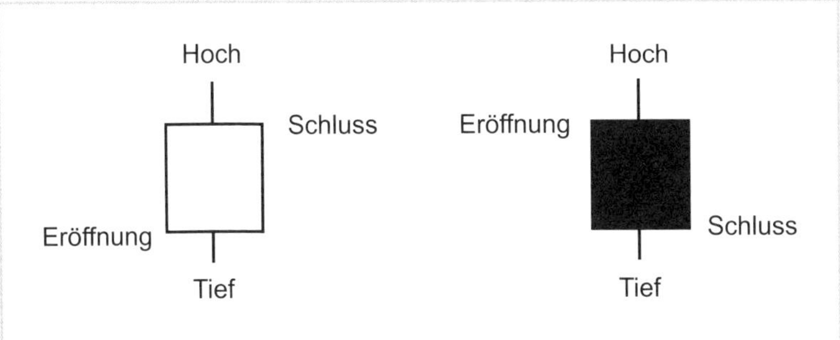

Abb. 22: Aufbau von Candlesticks

Beim Einsatz von Candlesticks sollte man allerdings immer beachten, dass die auftretenden Candlestick-Formationen nicht für sich alleine betrachtet, sondern stets in den Kontext der historischen Entwicklung eingeordnet werden sollten: Befindet sich der Markt gerade in einem Aufwärtstrend, oder tendiert er bereits seit einiger Zeit seitwärts? Sind in den kürzlich zurückliegenden Zeiteinheiten Muster aufgetreten, die das jüngste Signal möglicherweise bestärken?

Die vermutlich bekanntesten Candlestick-Formation sind der Morning- und Evening-Star. Sie gehören der Gruppe der Trendumkehrformationen an und haben in der Vergangenheit häufig durch eine hohe Prognosekraft überzeugt. Abbildung 23 zeigt die beiden Formationen schematisch.

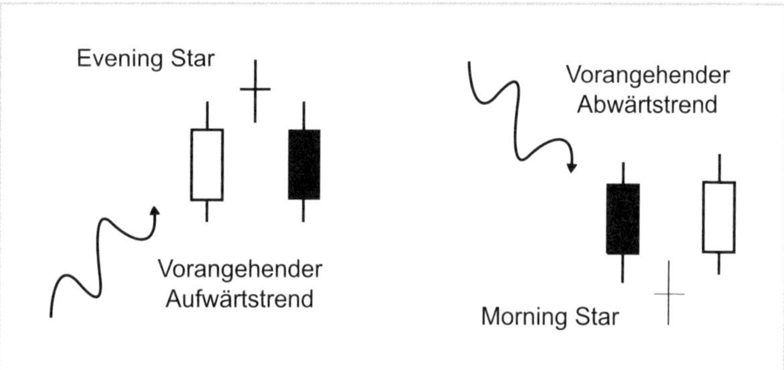

Abb. 23: Morning & Evening Star

Neben den hier exemplarisch aufgezeigten Formationen gibt es noch eine Vielzahl von weiteren Formationen. Viele Trader nutzen für ihre Analysen auch einen kombinierten Ansatz aus Kerzencharts und beispielsweise den im Folgenden vorgestellten Indikatoren.

Indikatoren

Die Indikatorenanalyse beschäftigt sich mit der mathematisch-statistischen Analyse von historischen Kursdaten. Hierbei werden sogenannte Indikatoren berechnet, wie zum Beispiel Momentum, Relative Stärke und Gleitende Durchschnitte.

Der Einsatz von Indikatoren wird ebenfalls der Technischen Analyse zugerechnet. Indikatoren werden auf Basis der historischen Preisentwicklung berechnet und geben Auskunft beispielsweise über Trendrichtung und -stärke, Volatilität und Momentum. Zu den bekanntesten Indikatoren gehören der Relative-Stärke-Indikator, die Bollinger-Bänder oder auch der Slow-/Fast-Stochastik. Für die meisten Indikatoren müssen durch den Händler Parameter definiert werden, die häufig den Berechnungszeitraum oder die Glättung der Indikatoren bestimmen.

Die meisten Indikatoren normieren den Kursverlauf und erlauben dank der mathematischen Ableitung eine Betrachtung, die objektiver ist als die subjektive Einschätzung durch den Trader. Indikatoren werden primär genutzt, um zusätzliche Informationen über den Kursverlauf zu erhalten beziehungsweise um eine objektive und somit vergleichbare Einschätzung der historischen Entwicklung zu erhalten. Indikatoren finden ihren Einsatz aber auch in Handelssystemen: Hier wird häufig eine Kombination aus Indikatoren genutzt, um Kauf- und Verkaufssignale abzuleiten.

Generell kann man zwischen trendfolgenden und oszillierenden Indikatoren unterscheiden. Trendfolgende Indikatoren geben einen Hinweis auf Trendstärke und Trendrichtung. Mit ihrer Hilfe lassen sich Trend- und Seitwärtsbewegungen sowie der Wechsel zwischen beiden Phasen voneinander unterscheiden. Während trendfolgende Indikatoren in trendstarken Phasen erfolgreich anwendbar sind, generieren sie in Seitwärtsbewegungen häufig Fehlsignale. Daher wird hier häufig auf oszillierende Indikatoren zurückgegriffen. Diese geben einen Hinweis darauf, ob der Markt möglicherweise überkauft oder überverkauft ist. Diese Indikatoren tendieren aber wiederum dazu, in Trendphasen in den Extrembereichen zu verharren und verfrüht Ausstiegssignale zu generieren. Oszillatoren sind somit für Trendphasen meist ungeeignet.

Der bekannteste trendfolgende Indikator – der aufgrund seiner einfachen Berechnung häufig auch gar nicht als solcher bezeichnet wird – ist der so genannte »Gleitende Durchschnitt«. Er stellt den durchschnittlichen Preis über die letzten x Perioden dar. So ist der Gleitende Durchschnitt über zehn Tage der durchschnittliche Preis der vergangenen zehn Schlusskurse. Häufig genutzt werden Durchschnitte über die letzten zehn, 20, 50 und 200 Zeiteinheiten. Neben dem einfachen Gleitenden Durchschnitt gibt es eine Vielzahl an Varianten, bei denen die einfließenden Preise unterschiedlich gewichtet werden. Die Einsatzmöglichkeiten des Gleitenden Durchschnitts sind vielfältig. Vor allem der 50- und der 200-Tage-Durchschnitt werden häufig als Unterstützungs- und Widerstandsmarke betrachtet. Schneiden sich die beiden Linien, wird dies von vielen Marktteilnehmern als langfristiger Trendwechsel interpretiert.

Ein weiterer häufig genutzter Trendindikator ist der Moving Average Convergence/Divergence Indicator, vielen Tradern besser als MACD bekannt. Dieser zeigt die Differenz zwischen einem kurzfristigen und einem langfristigen (exponentiellen) gleitenden Durchschnitt an und wird in der Regel genutzt, um Trendwechsel zu identifizieren.

Zu den bekanntesten und am leichtesten verständlichen oszillierenden Indikatoren gehört der »Rate of Change«-Indikator. Er stellt dar, um wie viel Prozent der Kurs in den vergangenen x Tagen gestiegen oder gefallen ist. Bei der Interpretation des Indikator geht man meist davon aus, dass der Kurs innerhalb einer bestimmten Periode nicht zu stark steigen oder fallen sollte, da er ansonsten überkauft / überverkauft ist und die Gefahr einer Kurskorrektur steigt.

Die beiden als »Fast-« und »Slow-Stochastic« bezeichneten Indikatoren zeigen den letzten Kurs im Verhältnis zur Trading-Range der vergangenen x Zeiteinheiten an. Im Vergleich zur Fast-Stochastic ist die Slow-Stochastic stärker geglättet und somit weniger volatil. Werte überhalb der 80-Prozent-Marke werden in der Regel als überkauft interpretiert, Notierungen unterhalb der 20-Prozent-Marke dagegen als überverkauft. Beide Indikatoren bestehen aus jeweils zwei Signallinien; deren Schnittpunkt wird häufig als Trigger-Signal genutzt.

Das Konzept der Indikatoren verleitet viele Einsteiger in den Markt häufig dazu, nach dem »Holy Grail« zu suchen. Hierunter versteht man eine Handelsstrategie, die keine Fehlsignale generiert. So werden häufig unzählige Indikatoren miteinander kombiniert, sodass viele darüber das Handeln vergessen. Man sollte sich daher darüber im Klaren sein, dass Indikatoren auf historischen Kursen beruhen und lediglich neue Einsichten in die Kursentwicklung geben, aber nicht die Zukunft vorhersagen können.

Berücksichtigt man dies, stellen Indikatoren eine sinnvollen Ansatz beziehungsweise eine hilfreiche Methodik dar. Automatische Handelssysteme – das heißt vom Computer generierte Signale – beruhen häufig ausschließlich auf Indikatoren, aber auch die Kombination mit anderen Ansätzen der Technischen Analyse ist erfolgversprechend.

Weitere Ansätze

Die meisten Technischen Analysen beruhen auf den hier vorgestellten Ansätzen: Trends, Widerstände und Unterstützungen, Formationen, Candlesticks und Indikatoren. Daneben hat sich im Laufe der Zeit aber eine

Vielzahl an weiteren Methoden herausgebildet. Im Devisenhandel erfreuen sich beispielsweise auch die Fibonacci-Zahlen oder die sogenannten Pivot-Punkte großer Beliebtheit. Beide Ansätze leiten, basierend auf der historischen Kursentwicklung, ebenfalls Widerstands- und Unterstützungsniveaus ab.

Die Technische Analyse bezieht sich aber nicht nur auf die reine Analyse von historischen Kursdaten. Auch die Sentiment-Analyse wird häufig noch der Technischen Analyse zugeordnet. Diese basiert oft auf Umfragen unter Händlern oder Investoren und gibt Aufschluss über die generelle Stimmung am Markt. Technische Analysten nutzen diese Daten häufig, um zu bestimmen, ob sich ein Trend umkehren oder sich ein neuer Trend ausbilden wird. So weist beispielsweise eine außerordentlich positive Umfrage darauf hin, dass die meisten Investoren an steigende Quotierungen glauben und sich vermutlich schon entsprechend ihrer Meinung positioniert haben. Wenn aber bereits die Mehrheit der Marktteilnehmer eine Position eingegangen ist, verbleibt niemand im Markt mehr zum Kaufen – häufig fallen die Kurse in der Folge, sobald erste Marktteilnehmer ihre Positionen glattstellen. In der Realität stellen sich die Beschaffung der Daten, ihre Analyse und die anschließende Interpretation allerdings häufig als relativ schwierig und komplex heraus.

5.2.2. Probleme im Devisenmarkt

Zentrales Problem bei der Anwendung der Technischen Analyse im Devisenmarkt sind die Kursdaten: Weil der Devisenmarkt nicht an einen zentralen Ort gebunden ist, sondern gleichzeitig auf der ganzen Welt direkt zwischen Banken stattfindet, gibt es nicht »den einen« Wechselkurs. Vielmehr kann es durchaus vorkommen, dass zur gleichen Zeit zwei Transaktionen zu unterschiedlichen Wechselkursen durchgeführt werden. Um sowohl ein realistisches Bild der historischen Entwicklung als auch zuverlässige aktuelle Daten zu erhalten, sollte man daher auf einen Daten-Feed zurückgreifen, der möglichst viele Marktteilnehmer und deren Handlungen aggregiert.

Obwohl sich die Anbieter der aggregierten Daten-Feeds bemühen, möglichst viele Banken in den Kursstrom zu integrieren, kommt es zu einer Vielzahl von Differenzen zwischen den einzelnen Anbietern. Dieses Problem ist umso gravierender, je kürzer der betrachtete Zeitraum ist. Vergleicht man die Kursströme von zwei Anbietern, fallen häufig schon beim ersten Blick Datenlücken und Abweichungen auf.

Dieses Phänomen ist besonders stark zu beobachten, wenn man einen aggregierten Daten-Feed von mehreren Banken mit dem Kursstrom eines einzelnen Brokers vergleicht. Viele Broker bieten ihren Kunden in die Handelsplattform integrierte Charts an. Diese enthalten aber nicht gesammelte Kursdaten aus dem Devisenmarkt, sondern spiegeln lediglich die historisch gestellten Preise des Brokers wider. Für kurzfristige Marktanalysen und Reaktionen auf schnelle Bewegungen eignen sich diese – aufgrund der häufig vorkommenden Abweichungen vom tatsächlichen Devisenmarkt – daher nur bedingt. Vor allem kurzfristige Candlestick-Formationen sollten daher nur mit Vorsicht genutzt werden. Bei mittel- bis langfristigen Analysen sind diese Abweichungen aber in der Regel vernachlässigbar.

Bei der Analyse von Tagescharts sollte man des Weiteren beachten, dass der Devisenmarkt keine tatsächlichen Tagesgrenzen kennt, sondern rund um die Uhr gehandelt wird. In der Regel wird der Schluss des amerikanischen Handels allerdings als Tagesgrenze betrachtet, da das Volumen danach schlagartig abnimmt und bis zu Eröffnung des asiatischen Marktes relativ gering ist.

Bei langfristigen Analysen gegenüber dem Euro sollte man ebenfalls beachten, dass die Währung erst seit 1999 besteht. Betrachtungen, die länger zurückreichen, nutzen daher häufig den ECU oder einen Währungskorb als Euro-Vorläufer. Auch stehen in der Regel keine Volumenangaben zur Verfügung. Als Alternative schauen viele Trader daher auf die Anzahl der Ticks je Zeiteinheit, um einen Hinweis auf die Aktivität im Markt zu bekommen.

simplified

6 Handel mit Devisen

6.1. Orderarten

Zum Handwerkszeug und Grundlagenwissen eines jeden Traders sollte die Kenntnis über die unterschiedlichen Orderarten gehören. Vor allem für absolute Trading-Neulinge erscheint es häufig verwirrend, warum es für die gleiche Handlung (das Kaufen oder Verkaufen von Devisen) mehrere Möglichkeiten gibt.

Auch wenn die Kenntnis der unterschiedlichen Orderarten noch lange kein Garant für Erfolg beim Traden ist, sollte man sich vor dem tatsächlichen Handeln mit ihnen vertraut machen, da sie dem Trader weit gehende Möglichkeiten zum Eingehen und Schließen seiner Positionen bieten. Um den Umgang mit der Handelsplattform zu erlernen und die Funktionsweise der verschiedenen Ordertypen zu verstehen, sollte man die Möglichkeit eines Demo-Kontos nutzen, das die meisten Broker für ihre Handelsplattform anbieten.

Die unterschiedlichen Orderarbeiten erlauben es dem Trader, komplexere Strategien zu handeln, ohne permanent den Markt beobachten zu müssen. So können Orders im Markt ausgeführt werden, ohne dass der Trader den Auftrag manuell zum jeweiligen Zeitpunkt eingeben muss. Stattdessen wird eine zuvor aufgegebene Order automatisch ausgeführt, sobald die spezifizierten Bedingungen im Markt erfüllt sind – ohne dass der Trader noch einmal Einfluss nehmen muss.

Im Folgenden werden die am weitesten verbreiteten Orderarten kurz vorgestellt. Einige Broker bieten neben den hier vorgestellten Orders noch weitere Arten an, die komplexere Strategien erlauben.

Market-Order

Als Market-Order bezeichnete Aufträge sind Orders, die unverzüglich an den Markt weitergeleitet und zum aktuellen Preis ausgeführt werden. Kaufaufträge werden bei einer Market-Order stets zum Ask-Kurs – dem Preis, den andere Marktteilnehmer für die Devise fordern – ausgeführt. Analog werden Verkaufsaufträge stets zum Bid-Kurs ausgeführt. Handelt man über einen Fx-Broker, trifft die zuvor gemachte Aussage auf jede Orderart zu – der Spread fällt somit bei jeder abgeschlossenen Transaktion (das heißt Kauf und Verkauf) an.

Market-Orders garantieren eine sofortige Ausführung der Order und somit ein unverzügliches Öffnen oder Schließen einer Position. Soll ein Auftrag schnell ausgeführt werden, empfiehlt sich somit diese Orderart.

Limit-Order

Limit-Orders sind limitierte Aufträge, das heißt, sie werden erst dann ausgeführt, wenn bestimmte Bedingungen erfüllt sind. Limitierte Kaufaufträge werden genutzt, wenn man maximal einen bestimmten Preis bezahlen (das heißt unter dem aktuellen Marktniveau kaufen) möchte. Analog werden limitierte Verkaufsaufträge eingesetzt, wenn man mindestens einen bestimmten Verkaufspreis erzielen will.

Limit-Buy-Orders werden somit erst dann zum Marktpreis ausgeführt, wenn der Kurs unterhalb der Limit-Order liegt. Die Ausführung von Limit-Sell-Aufträgen (das heißt der Verkauf der Devise) erfolgt, sobald der Kurs über dem angegebenen Preis liegt. Dementsprechend bieten sich Limit-Orders an, um eine offene Position zu einem vorteilhafteren Kurs als dem aktuellen Marktpreis glattzustellen oder um eine Position zu einem vorteilhafteren Preis einzugehen.

Limitierte Aufträge werden niemals zu einem ungünstigeren Kurs als dem angegebenen Limit ausgeführt. Dies bedeutet auf der anderen Seite aber auch, dass ein Auftrag eventuell gar nicht ausgeführt wird. So wird ein limitierter Kaufauftrag beispielsweise nicht ausgeführt, wenn der Preis bis zum Ende der Gültigkeit der Order nicht unter den angegebenen Preis fällt.

Stop-Order

Stop-Orders werden ebenfalls nicht unverzüglich ausgeführt. Wie bei limitierten Aufträgen wird auch eine Stop-Order erst dann ausgeführt, wenn der Preis die vorgegebenen Bedingungen erfüllt.

Ein Stop-Buy-Auftrag wird ausgeführt, sobald der Preis über der angegebenen Kursmarke liegt. Zur Erinnerung: Ein Limit-Buy-Auftrag wird ausgeführt, wenn der Preis unter der angegebenen Kursmarke liegt. Die Stop-Marke einer Stop-Buy-Order muss dementsprechend über dem aktuellen Marktpreis liegen. Überschreitet der Preis diese Marke, wird der Auftrag ausgeführt. Analog dazu arbeiten auch Stop-Sell-Aufträge: Fällt der Markt unter die angegebene Marke, wird der Verkaufsauftrag ausgeführt.

Stop-Aufträge werden häufig auch als Stop-Loss-Aufträge bezeichnet, da sie sich dazu eignen, Verluste zu beschränken. Besitzt man eine Long-Position in einer Devise und möchte sich vor Kursverlusten schützen, bietet sich hierfür ein Stop-Sell-Auftrag an. Dieser wird ausgeführt und die Position somit glattgestellt, sobald der Preis unter das vorgegebene Niveau fällt. Für Short-Positionen kann man einen Stop-Buy-Auftrag aufgeben, der ausgeführt wird, sobald der Preis über die angegebene Marke steigt.

Alternativ werden Stop-Aufträge häufig auch genutzt, um eine Position in Trendrichtung einzugehen beziehungsweise um einen Ausbruch zu handeln. Der Stop-Auftrag wird ausgeführt, sobald die angegebene Marke über- (Stop-Buy) beziehungsweise unterschritten (Stop-Sell) wird.

Weitere Orderarten

Neben Stop- und Limit-Aufträgen bieten mehrere Broker auch noch die Orderart »One-Cancels-Other« (»eine storniert die andere«) an. Der häufig auch als OCO-bezeichnete Auftrag ist eine Kombination aus meist zwei zugrunde liegenden Aufträgen, die miteinander verknüpft sind. Wird einer der beiden Aufträge ausgeführt, wird automatisch die andere Order storniert.

OCO-Aufträge bieten sich somit beispielsweise dafür an, eine Position sowohl mit einem Sicherungs-Stop (»Stop Loss«) als auch mit einer Order zur Gewinnmitnahme zu versehen. Fällt der Kurs unter eine bestimmte Marke, wird der Stop ausgelöst, und die Position wird glattgestellt. Steigt der Kurs über eine bestimmte Marke, wird dagegen die Limit-Order aktiviert, und die Position wird mit einem Gewinn verkauft. In beiden Fällen wird nach Ausführung der ersten Order die zweite Order storniert.

Einige Broker bieten auch die Möglichkeit einer »If then«-Order an. Hierbei handelt es sich ebenfalls um einen kombinierten Auftrag. Die zweite Order wird hierbei jedoch erst dann aktiviert, wenn der erste Auftrag ausgeführt wurde. Diese Option wird häufig genutzt, um eine Position mit einem limitierten Auftrag einzugehen und anschließend sofort automatisch mit einem Sicherungs-Stop zu versehen.

Ausführungen

Bei der Ausführung von Limit- und Stop-Ordern kommt es immer wieder zu Verwirrungen. Diese rühren hauptsächlich daher, wann genau die Limit- beziehungsweise Stop-Order ausgeführt wird und zu welchem Preis. In der Regel wird der Stop-Auftrag zu einem unlimitierten Market-Auftrag, sobald die angegebene Marke unter- beziehungsweise überschritten wird. Bei schnellen Bewegungen erfolgt die Ausführung dann häufig erst einige Pips vom angegebenen Stop-Preis entfernt. Diese Differenz wird auch als Slippage bezeichnet.

Einige Fx-Broker bieten eine Preisgarantie an, das heißt, die angegebene Stop-Order entspricht dem Ausführungskurs. Allerdings sollte man beachten, dass man bei einem Fx-Broker in der Regel immer Market-User ist (also stets zum Ask-Kurs kauft und zum Bid-Kurs verkauft). Ein Market-Making (das heißt das Stellen von Kursen) ist normalerweise nicht möglich.

Viele Trader schrecken vor Stop-Aufträgen zurück, da der Markt häufig nur einige Pips unter Unterstützungsmarken (die häufig zum Platzieren von Stops genutzt werden) fällt, bevor er kurz darauf wieder über die Unterstützung zurückkehrt. Dies wird häufig auf Market-Maker zurückgeführt, welche die »Stops abfischen«. Ob der Wechselkurs tatsächlich nur kurz unterhalb der Marke notiert oder dauerhaft abrutscht, lässt sich leider erst im Nachhinein feststellen – in letzterem Fall dann aber schon mit großen Verlusten. Das beschriebene Verhalten birgt daher erhebliche Risiken.

Gültigkeit

In der Regel lassen sich Handelsaufträge mit einem Datum versehen, bis wann sie gültig sind. Wurde die Order bis zu dem spezifizierten Gültigkeitsdatum nicht ausgeführt, wird sie vom Broker storniert.

Wenn kein Gültigkeitsdatum spezifiziert wurde, wird häufig angenommen, dass die Order »Good Till Cancel« ist. Die in den Handelsplattformen häufig auch als »GTC« abgekürzte Option bedeutet, dass die Order so lange gültig ist, bis sie durch den Trader wieder gelöscht wird.

Day-Trader nutzen häufig die Option »Day«, da alle noch verbleibenden offenen Orders zum Handelsende des aktuellen Tages wieder storniert werden. Einige Broker bieten auch die Option »Good Till Day« an, bei der die Order nur bis zum dem angegebenen Datum gültig ist.

6.2. Lots

Devisen werden in Lots gehandelt – vordefinierten Handelsgrößen, um den Handel zu vereinfachen. Ein (Standard-)Lot im privaten Handel über einen Fx-Broker entspricht für gewöhnlich 100.000 Einheiten der Basiswährung. Ein sogenanntes Mini-Lot umfasst 10.000 Einheiten der Basiswährung. Einige Fx-Broker im privaten Handel bieten inzwischen aber auch den Handel mit beliebigen Summen an.

So umfasst beispielsweise die Transaktion »Buy EUR/USD 1 Lot @ 1,2974« den Kauf von 100.000 Euro zum Preis von 129.740 US-Dollar.

Hintergrund dieses Konzeptes ist der institutionelle Handel: So würde es im Telefongespräch einfach zu lange dauern, bis man die ungerade Summe dem Gesprächspartner genannt hätte – in der Zwischenzeit hätte sich der Kurs womöglich verändert. Im Gegensatz zum privaten Handel wird im professionellen Handel in der Regel sogar in Vielfachen von einer Million gehandelt.

6.3. Handel über das Internet

Der Devisenhandel im privaten Bereich wird primär über das Internet durchgeführt. Die Anbindung an den Broker erfolgt über eine Handelsplattform, die in der Regel unentgeltlich durch den Broker zur Verfügung gestellt wird.

Zu den Grundelementen jeder Handelsplattform gehört eine Kursliste, in der die aktuellen Quotierungen für die Währungspaare dargestellt werden, zu denen man handeln kann. Des Weiteren sind ebenfalls in jeder Handelsplattform eine Kontoübersicht und eine Übersicht über offene Positionen und bestehende Orders vorhanden.

Zusätzlich sind in den meisten Handelsplattformen auch Charts enthalten. Die für die Technische Analyse unabdingbaren historischen Kursdaten entsprechen aber meist den historischen Quotierungen des Brokers und können somit geringfügige Abweichungen von den tatsächlichen Marktbedingungen enthalten. Häufig ist auch nur eine relativ kurze Historie verfügbar. Obwohl die grundlegenden Instrumente für die Technische Analyse wie Zeichenwerkzeuge und einfache Indikatoren in der Regel enthalten sind, muss man für weitergehende Werkzeuge meist auf die Software eines Drittanbieters ausweichen.

Neben den Quotierungen und Charts enthalten einige Plattformen auch einen Nachrichten-Feed, der einen Überblick über die aktuellen Entwicklungen gibt und – je nach Anbieter der Nachrichten – teilweise auch Analysen enthält. Die Nachrichten werden häufig auch noch durch eine Übersicht über die wichtigsten anstehenden Termine und Veröffentlichungen ergänzt.

Während die zur Verfügung stehende Hardware vor einigen Jahren noch eine tatsächliche Limitierung darstellte, sind heutzutage alle handelsüblichen PCs leistungsstark genug. Auch ist die Installation eines Multi-Monitor-Systems inzwischen kein größeres Problem mehr und lässt sich auch von Laien relativ unproblematisch realisieren. Während es inzwischen einige browserbasierte Handelsplattformen gibt, setzen die meisten Programme nach wie vor Microsoft Windows voraus.

Die Wahl des Brokers wird im Internet unter angehenden Tradern häufig heiß diskutiert. An dieser Stelle kann keine Empfehlung gegeben werden – aber die vorgestellten Kriterien sind bei der Auswahl des für die eigenen Ansprüche optimalen Brokers möglicherweise hilfreich:

- **Registrierung, finanzielle Stabilität & Reputation des Brokers**
  Bei der Wahl des Brokers sollten Sie auf jeden Fall darauf achten, dass Ihre Einlagen bei dem Broker in guten Händen sind und der Broker ein »ehrbares Geschäftsgebaren« an den Tag legt. Hierbei sollten Sie überprüfen, ob der Broker einer staatlichen Regulierung unterliegt, ob er Zugriff auf Ihr Konto hat und was im Falle einer Insolvenz passieren würde. Des Weiteren sollten Sie überprüfen, welche Erfahrungen bereits bestehende Kunden mit dem Broker gemacht haben. Für Letzteres bieten sich vor allem Diskussionsforen im Internet an.

- **Service und Support**
  Bietet der Broker kostenlos telefonischen Support, falls man Probleme mit der Handelsplattform hat? Welche Geschäftszeiten hat der Support? Gibt es eine gute Dokumentation zur Handelsplattform? Das sind Faktoren, die möglicherweise relativ unwichtig erscheinen, sich aber als wichtig erweisen, falls man wirklich mal ein Problem hat.

- **Konto & Gebühren**
  Falls das Konto relativ klein ist oder Sie den Fx-Handel einfach nur mal ausprobieren möchten, sollte der Broker auch den Handel mit Mini-Accounts anbieten. Weiterhin sollte man natürlich auch die Gebühren betrachten: fixe Kosten wie beispielsweise eine Kontoführungsgebühr, variable Kosten wie zum Beispiel Transaktionskosten oder Überweisungsgebühren und natürlich auch verdeckte Kosten, die beispielsweise durch den Spread anfallen.
  Da man auf die Preisstellungen des Brokers angewiesen ist, sollte man bei der Wahl darauf achten, dass dieser die gewünschten Währungen auch zum Handel anbietet beziehungsweise Quotierungen für diese stellt.

Die beste Art und Weise, das Leistungsspektrum eines Brokers kennen zu lernen und zu überprüfen, ob der Broker zu einem passt, ist die Eröffnung eines Demo-Kontos. Dieses ist meist problemlos über die Website erstellbar und ermöglicht es einem, die Handelsplattform des Brokers mit virtuellem Kapital kennen zu lernen.

Des Weiteren sollte man sich in Diskussionsforen im Internet umhören, was andere Trader über den Broker denken und welche Erfahrungen sie mit ihm gemacht haben.

6.4. Handel über das Telefon

Auch wenn der Handel über das Telefon im privaten Bereich fast keine Rolle spielt, soll ihm dennoch ein kurzer Abschnitt in diesem Buch gewidmet sein, denn er stellt die ursprüngliche Form des Devisenhandels dar. Auch heute noch wird bei großen Aufträgen oder beim Handel in illiquiden Währungen im institutionellen Handeln häufig auf das Telefon zurückgegriffen. Des Weiteren bieten Fx-Broker auch stets eine Hotline an, über die man im Falle einer Störung des Internetzugangs eine Order platzieren kann.

Die Handelssprache ist für gewöhnlich Englisch. Ist man der englischen Sprache nicht mächtig, sollte man sich daher für einen im deutschsprachigen Raum ansässigen Broker entscheiden – wobei auch hier nicht gewährleistet ist, dass am Trading-Desk Deutsch gesprochen wird. In diesem Fall kann man sich aber anschließend zumindest auf Deutsch beschweren ...

Im Laufe der Zeit hat sich beim Handeln über das Telefon eine Handels-Etikette ausgebildet. Diese erlaubt es zwei sich unbekannten Personen aus unterschiedlichen Kulturkreisen, die sich persönlich nicht kennen, auf effiziente Weise miteinander zu handeln, ohne dass es zu unnötigen Verzögerungen kommt. Dies ist mit einigen Abänderungen auch im privaten Handel gültig.

1. Geben Sie Ihren Namen, Ihre Kontonummer und Ihren Identifizierungscode an.

2. Teilen Sie dem Händler mit, welches Währungspaar Sie mit welcher Summe handeln möchten. Nennen Sie aber nicht Ihre Absicht, das heißt, ob Sie kaufen oder verkaufen möchten.

   »I would like a price on 1 unit of EUR/USD«

3. Der Broker wird Ihnen einen zweiseitigen Kurs (Bid und Ask) nennen, zu dem er bereit ist zu handeln.

   »1,2970 – 78«

4. Teilen Sie dem Broker mit, was Sie tun möchten:

   - *»I buy one unit at 1,2978«* oder einfach nur *»I buy«*

   - *»I sell one unit at 1,2970«* oder einfach nur *»I sell«*

   - *»Nothing done«*, wenn Sie zu den angegebenen Kurse nicht handeln möchten

5. Der Broker wird mit »Done« die Ausführung des Auftrags bestätigen.

Zögert man mit der Antwort nach dem Stellen des Kurses zu lange, wird der Broker mit einem »Off« oder »Change« reagieren. Der genannte Kurs ist nicht mehr gültig, und der Broker wird eine neue Quotierung nennen. Die Telefonate werden auf der Seite des Brokers mitgeschnitten, um bei etwaigen Unstimmigkeiten den Auftrag nachvollziehen zu können.

6.5. Margin

Das Konzept der »Margin« ist eines der am kontroversesten diskutierten Themen unter Tradern. Das Prinzip ist einigen privaten Händlern möglicherweise bereits aus dem Handel mit Derivaten bekannt.

Im Gegensatz zum Handel mit Aktien wird beim Eingehen des Terminkontraktes noch keine Zahlung fällig, da es sich nur um eine Verpflichtung handelt, die erst in der Zukunft fällig wird. Um aber zu gewährleisten, dass der Trader der Verpflichtung aus dem Vertragsverhältnis des Futures auch nachkommen kann, muss eine Sicherheitsleistung hinterlegt werden. Beim Handel mit Futures muss somit nicht der gesamte Kontraktwert des gehandelten Instruments hinterlegt werden, sondern nur ein Bruchteil der Summe. Fällt der Kontostand des Händlers unter Berücksichtigung der Gewinne und Verluste aus offenen Positionen unter die geforderte minimale Sicherheitsleistung, wird die Position automatisch durch den Broker geschlossen.

Das Konzept der Sicherheitsleistung wird auch im privaten Devisenhandel angewendet. Um als privater Trader am Fx-Handel teilzunehmen, muss man somit nicht den gesamten Betrag der gehandelten Summe auf dem Konto aufweisen. Es reicht aus, einen Bruchteil davon (die vom Broker geforderte Sicherheitsleistung) auf dem Konto zu haben. Die geforderte Sicherheitsleistung ist beim Fx-Handel im Vergleich zum Handel mit Futures oder Optionen meist sogar noch deutlich geringer.

Bei den meisten Brokern beträgt die geforderte Sicherheitsleistung ein bis vier Prozent der gehandelten Summe. Für ein Standard-Lot (100.000 Einheiten) beträgt die Margin somit 1.000 bis 4.000 Einheiten der Basiswährung, für ein Mini-Lot (10.000 Einheiten der Basiswährung) lediglich 100 bis 400 Einheiten. Einige Broker verlangen für das Halten von Positionen über das Wochenende eine höhere Margin, da nur geringe Liquidität im Devisenmarkt vorhanden ist und somit ein höheres Risiko besteht.

Um als privater Trader am Devisenmarkt 100.000 Einheiten einer Währung zu bewegen, ist bei einer Margin von einem Prozent (häufig auch als 1:100 angegeben) somit lediglich ein Kontostand von zumindest 1.000 Einheiten der Basiswährung nötig. Dieser Effekt wird auch als Hebeleffekt bezeichnet – mit 1.000 Euro auf dem Konto lassen sich in diesem Beispiel 100.000 Euro im Devisenmarkt bewegen, das Hundertfache der tatsächlich hinterlegten Summe.

Der Hebel gibt an, wie stark eine Ein-Prozent-Bewegung des gehandelten Devisenpaars das Konto bewegt. Die Hebelwirkung – im Fachjargon auch als Leverage bezeichnet – lässt sich am besten anhand eines kleinen Beispiels aufzeigen: Angenommen, ein Trader hinterlegt nur die minimale Sicherheitsleistung (in diesem Fall ein Prozent) der gehandelten Summe. Handelt er mit einem Standard-Lot (100.000 Einheiten der Basiswährung, bei einem Trade im EUR/USD somit 100.000 Euro), benötigt er somit nur einen Kontostand von 1.000 Euro. Diese 1.000 Euro werden nun ständig mit den Gewinnen und Verlusten aus der 100.000-Euro-Position verrechnet.

Je nach Wechselkurs reicht somit häufig bereits eine Bewegung von einem Prozent im Wechselkurs, um das Konto zu verdoppeln – oder auch zu vernichten. Allerdings würde der Broker in diesem Fall früher eingreifen – in der Regel wird die Position automatisch glattgestellt, sobald der aktuelle Kontostand unter Berücksichtigung der offenen Gewinne und Verluste unter die Sicherheitsleistung fällt.

Die Funktionsweise des Margin-Handels wird in Abbildung 24 noch einmal anschaulich dargestellt. Mit einem Konto von 25 Dollar wird eine Position über 100 Dollar eingegangen, das heißt, man handelt mit 100 Dollar im Markt, und 25 Dollar sind als Sicherheitsleistung auf dem Konto hinterlegt. Wertet die gehandelte Position nun um 25 Dollar auf, entspricht dies einem Gewinn von 25 Prozent. Da sich auf dem Konto aber nur die Sicherheitsleistung in Höhe von 25 Dollar befindet, verdoppelt sich der Kontostand somit – obwohl sich die Position nur um 25 Prozent bewegt hat. Der gleiche Effekt wirkt aber natürlich auch gegen einen selbst: Bei einem Verlust von 25 Prozent der gehandelten Position wäre das Konto bankrott. Der Hebel, der auf den Kontostand wirkt, ist in diesem Beispiel vier.

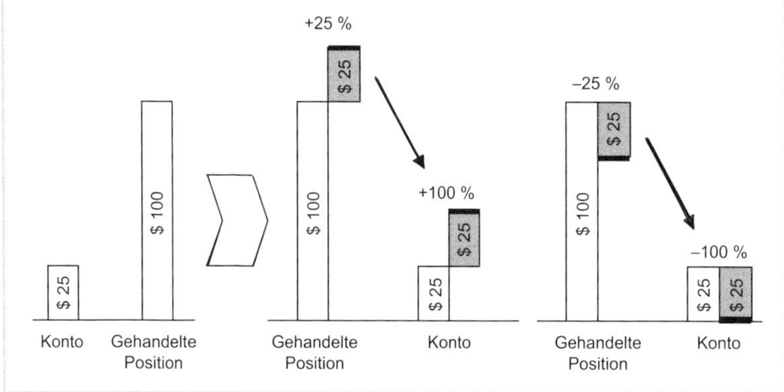

Abb. 24: Funktionsweise des Margin-Handels

Sicherheitsleistung und Hebel hängen invers zusammen: Je geringer die Margin, desto höher ist der mögliche Hebel. Viele Einsteiger in den Devisenhandel lassen sich leider von den hohen Gewinnaussichten – die bei voller Ausschöpfung des Hebels winken – blenden. Ist auf dem Konto tatsächlich nur die minimale Sicherheitsleistung oder wenig mehr vorhanden, bestehen in der Tat hohe prozentuelle Gewinnmöglichkeiten. Das Gleiche gilt aber auch für das Risiko – ein schneller Totalverlust ist nicht ausgeschlossen.

6.6. Erfolgsberechnung / Pip-Value

Die meisten Aktienhändler handeln mit Aktien in ihrer Heimatwährung. Dementsprechend ist die Bestimmung des P&L (Profit & Loss, englische Abkürzung für Gewinn & Verlust) vergleichsweise einfach:

(Aktueller Kurs – Einstiegskurs) × Anzahl der Aktien

Handelt man Aktien, die in einer fremden Währung notieren, erfolgt anschließend noch die Konvertierung des Gewinns beziehungsweise des Verlusts in die Heimatwährung.

Während der Gewinn aus Aktienpositionen leicht ermittelbar ist, sind viele Einsteiger beim Devisenhandel aufgrund der zwei involvierten Währungen verwirrt und tun sich bei der Bestimmung des Gewinns oder Verlusts einer Position schwer. Im Folgenden wird daher detailliert aufgezeigt, wie sich der Gewinn oder Verlust aus einer Devisenposition berechnen lässt.

Wert eines Pips

Der Gewinn oder Verlust, der aus einer Wechselkursbewegung von einem Pip resultiert, lässt sich vergleichsweise einfach berechnen.

Ein Pip entspricht der geringstmöglichen Kursveränderung, zum Beispiel von 1,2974 auf 1,2975. Erhielt man anfangs für einen Euro noch 1,2974 US-Dollar, sind es nun 1,2975 US-Dollar.

Ändert sich der Wechselkurs des EUR/USD um einen Pip, entspricht dies somit 0,0001 US-Dollar je gehandeltem Euro:

- Handelt man ein Standard-Lot (das heißt 100.000 Euro in diesem Beispiel), entspricht dies somit 10 US-Dollar (0,0001 US-Dollar je Euro bei einer Position von 100.000 Euro).

- Beträgt die Handelsgröße lediglich ein Mini-Lot (10.000 Euro) beträgt der Gewinn / Verlust lediglich 1 US-Dollar (0,0001 mal 10.000).

Der ermittelte US-Dollar-Gewinn lässt sich anhand des bekannten Wechselkurses (1,2975) anschließend leicht in Euro konvertieren: zehn Dollar / 1,2975 = 7,71 Euro (beziehungsweise 0,77 Euro bei einem Mini-Lot).

Der Gewinn beziehungsweise Verlust je gehandelter Einheit der Basiswährung beträgt stets 0,0001 Einheiten der variablen Währung. So ist der Gewinn beziehungsweise Verlust je gehandelter Einheit im EUR/USD beispielsweise 0,0001 US-Dollar je Pip, während er im EUR/GBP 0,0001 Britische Pfund je Pip beträgt. Um anschließend den Gewinn beziehungsweise Verlust aus einer gehandelten Position zu bestimmen, muss diese Zahl anschließend noch mit der Positionsgröße multipliziert und eventuell in die Währung des Kontos konvertiert werden.

Währungspaar	Gehandelte Summe (Basiswährung)	Pip-Größe (variable Währung)	Wert eines Pips (variable Währung)
USD/CHF	100.000 $	CHF 0,0001	CHF 10
USD/JPY	100.000 $	¥ 0,01	JPY 1.000
GBP/USD	100.000 £	$ 0,0001	USD 10
EUR/USD	100.000 €	$ 0,0001	USD 10

Gewinn & Verlust einer Position

Der Gewinn oder Verlust einer Position lässt sich am einfachsten berechnen, wenn man die Transaktion in zwei virtuelle Konten aufteilt. Handelt man beispielsweise im EUR/USD, benötigt man jeweils ein virtuelles Euro- und ein virtuelles US-Dollar-Konto. Hier werden jeweils die Ein- und Ausgänge der Devise nachvollzogen. Das erste Konto ist ausgeglichen, wenn die Position vollständig glattgestellt wurde. Auf dem zweiten virtuellen Konto verbleibt ein Haben- oder Soll-Betrag – dieser entspricht dem Gewinn oder Verlust aus der Handelsposition.

Geht man beispielsweise eine Long-Position im EUR/USD über zwei Lot (200.000) zum Wechselkurs von 1,2974 an, ergeben sich folgende Zahlungsströme:

- + 200.000 €
- – 259.480 $ (= 200.000 € × 1,2974)

Währung 1 (Euro)	
Zahlungseingänge	+200.000
Zahlungsausgänge	
Saldo	+200.000

Währung 2 (US-Dollar)	
Zahlungseingänge	
Zahlungsausgänge	–259.480
Saldo	–259.480

Schließt man die Position bei einem Wechselkurs von 1,3105, ergeben sich folgende Zahlungsströme:

- – 200.000 €
- + 262.100 $

Währung 1 (Euro)	
Zahlungseingänge	+200.000
Zahlungsausgänge	–200.000
Saldo	0

Währung 2 (US-Dollar)	
Zahlungseingänge	+262.100
Zahlungsausgänge	–259.480
Saldo	+2.620

Die Wechselkursbewegung von 131 Pips (1,3105 – 1,2974) bei einem Handelsvolumen von 200.000 Einheiten ergibt somit – wie auch die Pip-Wert-Methode zeigt (0,0131 x 200.000) – einen Gewinn von 2.620 US-Dollar.

Entspricht die variable Währung nicht der Währung, in der das Konto geführt wird, wird der Betrag durch den Broker meist automatisch zum vorherrschenden Kurs in die Basiswährung des Kontos konvertiert:

P & L = 2.620 US-Dollar / 1,3105 = 1.999,24 €

simplified

7 Erfolgreich handeln

Jack Schwager hat in seinem bekannten Buch *Market Wizards* erfolgreiche Trader nach ihren Trading-Methoden und Erfolgsgeheimnisen befragt. In den einzelnen Interviews geben die befragten Händler unter anderem Informationen über ihren Background, ihren Handelsansatz und worauf sie ihren Erfolg zurückführen.

Obwohl die befragten Trader allesamt erfolgreich waren beziehungsweise sind, lässt sich kein einheitliches Muster finden: Die Händler stammen aus unterschiedlichen Backgrounds, haben stark voneinander abweichende Persönlichkeiten und verfolgen stark voneinander abweichende Handelsansätze. Manche vertrauen lediglich auf die Fundamentalanalyse, andere dagegen nur auf die Technische Analyse, und wieder andere verfolgen eine Mischung aus beidem. Und selbst wenn zwei Händler beide beispielsweise auf die Charttechnik vertrauen: Teilweise sind die gehandelten Strategien sogar konträr, wie beispielsweise bei einem Trendfolge- und Range-Bound-Ansatz. Während man bei Ersterem in die Richtung eines Trends handelt, stellt man sich im zweiten Ansatz häufig gegen den Trend.

In einem Versuch wurde einer Gruppe von Tradern vor einigen Jahren eine Entry-Strategie vorgegeben, über alles Weitere konnten die Händler selber entscheiden. Interessanterweise verdienten einige Trader Geld, während andere Geld verloren – obwohl alle jeweils zum gleichen Zeitpunkt in den Markt eingestiegen waren.

Hier zeigt sich deutlich, dass Trading deutlich mehr ist als nur der Einstieg in eine Position: Was für den einen Trader profitabel ist, erweist sich für den nächsten möglicherweise als desaströs – die eigene Persönlichkeit und weitere Faktoren spielen eine entscheidende Rolle beim Traden. Des Weiteren gibt es neben dem Einstieg in eine Position anscheinend noch eine Reihe von weiteren Faktoren, die den Erfolg eines Traders nachhaltig beeinflussen.

Und noch eine interessante Schlussfolgerung lässt sich aus Schwagers unzähligen Gesprächen mit erfolgreichen Tradern treffen: Geld spielt zwar auch eine wichtige Rolle, stellt aber in der Regel nicht die primäre Motivation dar. Häufig geht es dagegen um die Herausforderung, »besser« zu sein, oder um die Faszination der Märkte an sich.

Es gibt keinen sicheren Weg zum Erfolg. Auch wenn unzählige Seminar-, Software- und auch Buchautoren es einen immer wieder glauben machen wollen: Ein Heiliger Gral existiert nicht. Der Ausgang eines Trades liegt in der Zukunft, und die lässt sich bekanntlich nicht voraussagen. Und auch noch so durchdachte Systeme können zum Bankrott führen: Long-Term Capital Management – ein Hedge-Fonds, in dem unter anderem zwei Nobelpreisträger mitarbeiteten – erfuhr dies auf schmerzliche Art und Weise. Der Fonds ging im Zuge der Russland-Krise unter. Dies geschah nur einige Monate, nachdem die Hedge-Fonds-Manager noch die mathematische Wahrscheinlichkeit des Ruins mit einer Wahrscheinlichkeit von mehr oder weniger null berechnet hatten.

Wie im Laufe der vorhergehenden Ausführungen gesehen, gibt es nicht »den« richtigen Ansatz. Da ein Handelsansatz stark von der eigenen Persönlichkeit abhängig ist, macht es wenig Sinn, einem Einsteiger einen Leitfaden mit einer Handelsstrategie an die Hand zu geben. Vielmehr sollen daher in den kommenden Abschnitten einige Empfehlungen gegeben werden, welche Fehler und Fallstricke vermeidbar sind.

7.1. Empfehlungen

Währungen

Devisen werden im Interbankenmarkt rund um die Uhr gehandelt. Auch wenn man dank der Fx-Broker inzwischen als Privatperson von diesen Vorteilen profitieren kann, sollte man sich auf einen Zeitabschnitt konzentrieren. Der Devisenmarkt weist zu jeder Uhrzeit unterschiedliche Charakteristiken auf, und man sollte sich lediglich auf die profitabelsten Möglichkeiten fokussieren.

Auch wenn einige Broker Dutzende Währungspaare zum Handel anbieten, sollte man sich auf einige wenige Wechselkurse konzentrieren. Der Devisenmarkt wird von einer so breiten Vielzahl an Daten beeinflusst, dass es bereits bei wenigen Währungen häufig schwierig ist, auf dem aktuellsten Stand zu bleiben und die Einflüsse zu analysieren.

Beim Handel mit Crossrates sollte man ebenfalls stets die Entwicklung der beiden Währungen gegenüber dem US-Dollar verfolgen. In den US-Dollar-Quotierungen findet sich in der Regel die höchste Liquidität, und somit findet hier auch die eigentliche Preisfindung statt. Die Crossrate leitet sich dann lediglich aus den US-Dollar-Quotierungen ab (wie im Kapitel 3.2.6 »Crossrates« beschrieben).

Handelsstrategie

Bei der Suche nach dem perfekten Einstieg in den Markt vergessen viele Trader immer wieder, dass Geld erst beim Schließen einer Position verdient wird. Dennoch verwenden viele Einsteiger auf das Timing des Exits kaum Aufwand, ebenso wie viele weitere Aspekte des Tradings häufig vernachlässigt werden. Während professionelle Trader den Einstieg häufig mit lediglich 20 bis 30 Prozent für den Erfolg verantwortlich machen, verwenden viele Einsteiger mehr als 90 Prozent ihrer Zeit auf den Einstieg beziehungsweise das Research nach der optimalen Entry-Strategie.

Ein weiteres Problem für viele Trading-Neulinge ist auch ein fehlendes statistisches Verständnis. So ist – angenommen, Gewinner und Verlierer kommen mit einer Wahrscheinlichkeit von 50:50 vor – auch nach fünf Verlierern die Chance, dass der nächste Trade wieder ein Verlierer ist, 50 Prozent. Betrachtet man eine ganze Reihe an Trades, so kommen selbst Serien von bis zu sieben Gewinnern oder Verlierern bei einer 50:50-Chance noch mit einer Wahrscheinlichkeit von rund einem Prozent vor. Um eine Strategie auf ihre Profitabilität beurteilen zu können, sollte man daher mindestens 30 Trades abwarten und sie nicht verwerfen, wenn nach fünf Trades drei Verlierer in Folge auftreten.

Risiko

Viele Trader sind sich beim Handeln nicht über das eingegangene Risiko beziehungsweise die möglichen Verluste bewusst. Daher sollte sich jeder

Einsteiger vor dem ersten Trade intensiv mit dem Margin-Konzept sowie dessen Vor- und Nachteilen auseinandersetzen. Auch sollte man nur solche Trades eingehen, die eine attraktive Rendite versprechen. Das Verhältnis zwischen eingegangenem Risiko und erwarteter Rendite wird im Fachjargon auch als Reward-Risk-Ratio bezeichnet. Professionelle Trader gehen einen Trade häufig nur dann ein, wenn die erwartete Rendite mindestens zweimal so groß ist wie das eingegangene Risiko.

Erwartungen

Einsteiger im Devisenmarkt sollten sich bewusst machen, dass sie gegen andere professionelle Marktteilnehmer mit langjähriger Erfahrung agieren. Dementsprechend sollte man die eigenen Gewinnerwartungen auch entsprechend vorsichtig formulieren.

Papertrading

Die beste Methode, erste Erfahrungen im Devisenhandel zu sammeln, ist vermutlich das sogenannte Papertrading. Hierbei werden Trades nicht tatsächlich im Markt umgesetzt, sondern lediglich auf dem Papier nachvollzogen. Alternativ lassen sich auch Demo-Konten der Fx-Broker nutzen, um erste Erfahrungen im Fx-Handel zu sammeln. Dies sind virtuelle Konten, die es dem Trader ermöglichen, sowohl die Software des Brokers kennen zu lernen als auch eine Strategie zu testen.

Allerdings sollte man beachten, dass im Handel mit realem Kapital die eigenen Emotionen eine wichtige Rolle spielen. Da im Papertrading kein Risiko für das eigene Geld besteht, reagieren hier viele Trader unterschiedlich. Positive Paper-Trading-Ergebnisse lassen sich somit nicht ohne weiteres auf den realen Handel übertragen.

Trading-Plan

Bei der Gründung eines Unternehmens wird jeder seriöse Geschäftsmann einen Geschäftsplan aufstellen. Viele Trader beginnen jedoch völlig überstürzt an den Märkten zu handeln, ohne sich über ihre Strategie oder Ziele im Klaren zu sein.

Auch an den Finanzmärkten empfiehlt es sich, mit einem strukturierten und systematischen Konzept zu beginnen. Ein Trading-Plan stellt dabei eine Art Handbuch oder Leitfaden dar. Unter anderem sollte darin festgehalten werden, was man handelt, wann man ein- und aussteigt, und mit welchen Positionsgrößen man handelt.

7.2. Häufige Fehler

Platzieren einer Stop-Loss-Order

Obwohl sich dieser Hinweis in beinahe jedem Trading-Buch findet, wird er dennoch häufig von Einsteigern ignoriert und ist vermutlich einer der Hauptgründe für das Scheitern von Neulingen. Die Gründe für das Nicht-Platzieren einer Stop-Loss-Order sind vielfältig, führen aber häufig zum gleichen Resultat: Aus einem möglichen kleinen Verlust wird häufig ein großer Verlust.

Trading-Frequenz

Die meisten Daten-Provider bieten ihren Kunden unter anderem auch Daten im Tick-Bereich an. Da das Betrachten eines kurzfristigeren Zeitfensters mehr Signale verspricht, weichen in der Folge viele Neulinge im Markt von dem eigentlich betrachteten Zeithorizont ab und orientieren sich an einer kürzerfristigen Zeitebene. Dies führt häufig zum »Overtrading«, da man aufgrund des kleineren Zeitfensters deutlich mehr Signale erhält. Anstatt sich auf die meistversprechenden Signale zu konzentrieren, folgen viele Neulinge dem Reiz des »Tradens« und handeln in der Folge – entgegen ihrer ursprünglichen Strategie – in kurzfristigeren Zeitfenstern.

Die gleichen Gründe (der Reiz des Tradens) führt häufig auch dazu, dass viele Einsteiger eine Unzahl an Underlyings beobachten und auch lediglich mittelwertige Signale handeln, anstatt sich auf einige wenige Underlyings zu konzentrieren und nur die eindeutigsten Signale zu traden.

Zeithorizont

Generell sollte es einen »Fit« zwischen der gehandelten Strategie und dem betrachteten Zeithorizont geben. Handelt man beispielsweise aufgrund von fundamentalen Überlegungen, so lässt sich die Verwendung eines Minuten-Charts wohl höchstens zum Zeitpunkt der Veröffentlichung einer wichtigen Wirtschaftszahl rechtfertigen.

Auch sollte das betrachtete Zeitfenster in einem Verhältnis zu der Zeit stehen, die man aufwendet, um den Markt zu analysieren und zu beobachten: Betrachtet man den Markt nur einmal am Tag, sollte man lediglich mit Wochen- und Tagescharts arbeiten.

Positionsgrößen

Einer der Hauptgründe, den viele profitable Trader für ihren Erfolg anführen, ist die sogenannte Positionsgrößenbestimmung – im Fachjargon auch als Money Management bezeichnet. Dabei handelt es sich um die systematische Bestimmung der gehandelten Positionsgröße. In der Regel versucht man mit Hilfe des Money Managements, das eingegangene Risiko bei jeder Position konstant zu halten. Viele Einsteiger dagegen agieren hierbei nach »Bauchgefühl«, was schließlich zu stark variierenden Risiken führt.

Money Management wird ein schlechtes System nicht profitabel machen. Money Management stellt allerdings sicher, dass man – solange das gehandelte System eine positive Gewinnerwartung hat – voraussichtlich auch in mehreren Jahren noch am Handelsgeschehen teilnehmen wird und nicht sein gesamtes Kapital aufgrund einer vorübergehenden Verluststrecke verliert.

Disziplin

Obwohl viele Einsteiger eine an sich sehr viel versprechende Strategie verfolgen, scheitern sie dennoch nach einiger Zeit. Grund ist häufig nicht die Strategie, sondern die Umsetzung. Häufig fehlt es Trading-Einsteigern an der Disziplin, ihren Plan umzusetzen. Stattdessen weichen sie vielfach von ihrer erarbeiteten Methodik ab und betreiben »Second Guessing« – das heißt, statt auf ihre Strategien und ihre Regeln verlassen sie sich auf ihr Bauchgefühl. Um dem entgegenzuwirken, sollte man die Regeln in einem Trading-Plan festhalten. Viele Menschen tendieren dazu, sich stärker an niedergeschriebene Dinge zu halten statt an Regeln, die sie nur im Kopf haben.

Schlussbemerkungen

Sollte dieses Buch Ihr Interesse am Devisenmarkt geweckt haben und Sie sich nun näher mit dem Handel von Devisen auseinandersetzen, möchte ich Ihnen mein Buch *Devisenhandel. Profitieren von Dollar, Euro und Co.* empfehlen. Es wurde – ebenfalls beim FinanzBuch Verlag – im November 2004 veröffentlicht.

Das Buch setzt sich tief gehend und umfassend mit dem Handel von Devisen auseinander. Viele der hier behandelten Themen finden sich dort erneut, werden allerdings detaillierter betrachtet.

simplified

8 Anhang

8.1. Glossar

Bezeichnung	**Beschreibung**
Abwertung	Fall im Wert einer Währung im Vergleich zu einer anderen Währung →*Aufwertung*
Ask	→*Briefkurs*
Aufwertung	Anstieg im Wert einer Währung im Vergleich zu einer anderen Währung →*Abwertung*
Basispunkt	Hundertster Teil einer Prozentpunktes (= 0,01 Prozent)
Basiswährung	Die Währung, die als Basis für den →*Wechselkurs* genutzt wird, häufig der US-Dollar. Die Basiswährung steht in der →*Quotierung* an erster Stelle (zum Beispiel USD/JPY)
Bid	→*Geldkurs*
Big Figure	Größenordnung, in der gehandelt wird. In der Regel die um zwei Dezimalstellen gekürzte →*Quotierung*
Briefkurs	Preis beziehungsweise Wechselkurs, zu dem die Basiswährung zum Kauf angeboten wird →*Geldkurs*
Buchgewinn/ -verlust	Nicht realisierter Gewinn (beziehungsweise Verlust) aus offenen Positionen

Crossrate	Wechselkurs ohne Involvierung des US-Dollars
Direkte Quotierung	Quotierung, die angibt, wie viele Einheiten der heimischen Währung man für eine Einheit der fremden Währung erhält (zum Beispiel 1 US-Dollar = 0,8 Euro) →*Indirekte Quotierung*
Drawdown	Kapitalrückgang aufgrund von Verlusten in einem Konto
Exchange Rate	→*Wechselkurs*
Exotics	→*Minors*
Flat	Fachjargon, wenn keine offene Position besteht →*Long, Short*
Foreign Exchange Market	Englische Bezeichnung für den Devisenmarkt. Devisen werden primär im →*Interbankenmarkt* gehandelt. Generell lässt sich zwischen →*Kassa-* und →*Termingeschäften* unterscheiden.
Forex	→*Foreign Exchange Market*
Forward	→*Termingeschäft*
Fx	→*Foreign Exchange Market*
Fx-Broker	Broker, der Privatpersonen den Handel mit Währungen anbietet
Geldkurs	Preis beziehungsweise Wechselkurs, zu dem die Basiswährung verkauft werden kann →*Briefkurs*
Hedging	Absichern einer bestehenden Position gegen Kursschwankungen, beispielsweise durch eine entgegengesetzte Position oder ein Optionsgeschäft

Indirekte Quotierung	Quotierung, die angibt, wie viele Einheiten der fremden Währung man für eine Einheit der heimischen Währung erhält (zum Beispiel 1 Euro = 1,25 US-Dollar) →*Direkte Quotierung*
Interbankenmarkt	Informelles Netzwerk zwischen Banken und weiteren Finanzinstituten, in dem Devisen →*»Over the Counter«* gehandelt werden
ISO-Code	Internationaler Standard für die Abkürzung von Währungen mit drei Buchstaben
Kassageschäft	Handel von Devisen per Kassa, das heißt, die Fälligkeit des Geschäfts beträgt zwei Bankentage
Limit-Order	Bedingter Auftrag, der erst ausgeführt wird, wenn der Preis unter (Limit-Kauforder) beziehungsweise über (Limit-Verkaufsorder) einer bestimmten Marke notiert. →*Stop-Order, Market-Order*
Long	Position in einer Währung, mit der auf eine →*Aufwertung* spekuliert wird →*Flat, Short*
Lot	Standard-Handelsgröße über einen FX-Broker (100.000 Einheiten der quotierten Basiswährung) →*Mini-Lot*
Majors	Sammelbegriff für die am aktivsten gehandelten Währungen (US-Dollar, Euro, Japanischer Yen, Britisches Pfund und Schweizer Franken) →*Minor*
Margin	Benötigte Sicherheitshinterlegung bei einem Broker, um handeln zu können
Mark to Market	Bewertung aller offenen Positionen zum aktuellen Marktpreis →*Profit and Loss*

Market-Maker	Marktteilnehmer, der verbindliche An- und Verkaufskurse stellt
Market-User	Marktteilnehmer, der auf eine gestellte Quotierung handelt
Market-Order	Auftrag, der ohne Verzögerung zum →*Bid* (Verkaufsauftrag) beziehungsweise →*Ask* (Kaufauftrag) ausgeführt wird →*Limit-Order, Market-Order*
Mengennotierung	→*Indirekte Quotierung*
Mini-Lot	Reduzierte Handelsgröße über einen FX-Broker (10.000 Einheiten der quotierten Basiswährung) →*Lot*
Minors	Währungen mit lediglich geringer bis mittelmäßiger Handelsaktivität →*Majors*
Outright Forward	Kontrakt, eine Währung zu einem bestimmten Zeitpunkt in der Zukunft zu einem bestimmten Wechselkurs zu kaufen / zu verkaufen (Terminkontrakt) →*Kassageschäft*
Over the Counter (OTC)	Direkter Handel zwischen zwei Institutionen
Pip	Kleinste mögliche Bewegung eines Wechselkurses
Preisnotierung	→*Direkte Quotierung*
Profit and Loss (P&L)	Unrealisierte Gewinne und Verluste aus offenen Positionen
Quotierung	→*Geld*- und →*Briefkurs* für ein Währungspaar, zu dem ein →*Market-Maker* bereit ist zu handeln

Rollover	Prolongation einer offenen Position; die →*Valuta* wird mit Hilfe eines →*Swaps* in die Zukunft verschoben
Short	Position in einer Währung, mit der auf eine →*Abwertung* spekuliert wird →*Flat, Long*
Spot	→*Kassageschäft*
Spread	Differenz zwischen →*Geld-* und →*Brief-Kurs*
Stop-Order	Bedingter Auftrag, der nur dann ausgeführt wird, wenn der Preis über einer bestimmten Marke notiert (Stop-Kaufauftrag) beziehungsweise unter eine gewisse Marke fällt (Stop-Verkaufsauftrag) →*Limit-Order, Market-Order*
Swap	Kontrakt, eine bestimmte Währung für eine definierte Zeiteinheit zu »tauschen«. Der Halter der geringer verzinsten Währung wird von dem anderen Geschäftspartner dafür entschädigt
Termin-Geschäft	Handel von Devisen per Termin, das heißt, die Fälligkeit des Geschäfts beträgt mehr als zwei Bankentage. Innerhalb der Termin-Geschäfte lassen sich generell →*Outright-Forwards* und →*Swap-Geschäfte* unterscheiden
Tick	→*Pip*
Valuta	Datum des Erfüllungszeitpunktes eines Devisengeschäftes
Wechselkurs	Der Wert einer Währung, ausgedrückt in einer anderen Währung. Gibt das »Tauschverhältnis« zwischen beiden Währungen an

8.2. FAQ

Im Folgenden werden einige Fragen aufgegriffen, die bei Interessenten oder Einsteigern am Devisenmarkt immer wieder auftauchen. Einige dieser Punkte wurden bereits im Laufe des Buches angesprochen und werden hier nur noch einmal kurz beantwortet.

Ist der Handel mit Devisen riskanter als der Handel mit Aktien?
Nein, der Handel mit Devisen ist nicht riskanter als der Handel mit Aktien oder anderen Finanzinstrumenten. Allerdings steht dem Händler ein deutlich höherer Hebel als in anderen Märkten zur Verfügung, womit der Trader ein höheres Risiko eingehen kann – aber nicht muss.

Weisen Devisen genügen Bewegung auf, um mit ihnen Geld zu verdienen?
Ja, Devisen bewegen sich ausreichend, um mit ihnen Geld zu verdienen. Unter anderem aufgrund der ausgeprägten und lang anhaltenden Trendphasen sind Devisen auch bei Hedge-Fonds sehr beliebt.

Wie viel Kapital benötige ich, um mit Devisen zu handeln?
Einige Broker bieten die Möglichkeit, bereits mit mehreren hundert Euro ein Konto zu eröffnen. Realistischerweise sollte aber zumindest ein mittlerer vierstelliger Betrag auf dem Konto vorhanden zu sein, um auch Drawdown-Phasen zu überstehen. Diese Summen erlauben allerdings lediglich den Handel mit Mini-Lots, das Risiko beim Handel mit gewöhnlichen Lots ist für die Kontogröße zu hoch. Möchte man seinen Lebensunterhalt mit dem Traden verdienen, sollte man deutlich mehr Kapital bereitstellen.

Ist der Handel mit Devisen auch für einen absoluten Börseneinsteiger möglich, oder muss ich bereits ein Profi im Handeln sein?
Nein, der Handel mit Devisen ist auch für den absoluten Börsenneuling möglich. Die Grundlagen des Tradings sind in jedem Markt identisch und können somit auch am Devisenmarkt erlernt werden.

Ich habe Interesse am Devisenhandel gefunden. Was soll ich nun am besten tun?
Der beste Weg, um zu überprüfen, ob einem der Handel mit Devisen liegt, ist die Eröffnung eines unverbindlichen Demo-Kontos bei einem

Broker. Dieser Account erlaubt den Handel mit virtuellem Kapital unter realistischen Bedingungen. Die Ergebnisse aus dem Demo-Handel lassen sich aufgrund einiger psychologischer Fallstricke allerdings nicht auf reale Konten übertragen. Viele Trader, die nach guten Resultaten mit einem Demo-Account hoffnungsvoll den Handel mit eigenem Geld begannen, haben in der Folge ihr gesamtes eingesetztes Kapital verloren.

Ich bin interessiert am Devisenhandel, möchte aber noch kein Konto bei einem Fx-Broker aufmachen. Gibt es alternative Möglichkeiten?
Neben der Eröffnung eines Demo-Kontos ist auch der Handel mit derivativen Finanzinstrumenten möglich, die in der Regel in einem bereits bestehenden regulären Aktien-Account gehandelt werden können. Derivate sind Finanzinstrumente, die von der Wechselkursentwicklung abhängig sind. Diese wurden im Kapitel 4 (»Produkte«) vorgestellt.

Können Sie einen Broker empfehlen?
An dieser Stelle kann leider keine Empfehlung erfolgen. Um sich für einen Broker zu entscheiden, sollte man sich auf Foren im Internet umschauen, ein Demo-Account eröffnen und auch bei dem Broker anrufen, um den Service zu testen. Des Weiteren sollte man die jeweilige Finanzaufsicht konsultieren, um zu überprüfen, ob es Beschwerden oder möglicherweise sogar ein Verfahren gegen den Broker gibt.

Was versteht man unter einer Aufwertung beziehungsweise Abwertung?
Von einer Aufwertung spricht man, wenn der Wert einer Währung (im Vergleich zu einer anderen Währung) steigt, das heißt eine Währung im Vergleich zu einer anderen Währung wertvoller wird. Verändert sich beispielsweise der EUR/USD-Wechselkurs von 1,20 auf 1,25, bekommt man für einen Euro nun 1,25 US-Dollar nach zuvor lediglich 1,20 US-Dollar – der Euro hat gegenüber dem US-Dollar aufgewertet. Der entgegengesetzte Fall wird als Abwertung bezeichnet.

Eine Aufwertung einer Währung ist stets gleichbedeutend mit der Abwertung der anderen involvierten Währung. Nach zuvor 0,8333 Euro (= 1 / 1,20) erhält man bei dem neuen Wechselkurs lediglich noch 0,80 Euro (= 1 / 1,25) je US-Dollar.

Was ist der Unterschied zwischen EUR/USD und Eurodollars?
Während Ersteres die Abkürzung für den Wechselkurs zwischen Euro und US-Dollar ist, bezeichnet Letzteres die Hinterlegung von US-Dollars bei Finanzinstituten im US-Ausland (wie zum Beispiel in Europa). Durch die ähnliche Bezeichnung kann es bei unsachgemäßer Verwendung schnell zu Verwechslungen und Missverständnissen kommen.

8.3. ISO-Codes

Hauptwährungen (Majors)

AUD	Australischer Dollar (»Aussie«)
CAD	Kanadischer Dollar (»Can-Dollar«)
CHF	Schweizer Franken (»Swissy«)
EUR	Euro
GBP	Britisches Pfund (»Cable«)
JPY	Japanischer Yen
NZD	Neuseeländischer Dollar (»Kiwi«)
USD	US-Dollar (»Buck«, »Greenback«)

Exotische Währungen (Minors / Exotics) (Auswahl)

ARS	Argentinischer Peso
BRL	Brasilianischer Real
CNY	Chinesischer Renminbi / Yuan
CYP	Zyprisches Pfund
DKK	Dänische Krone
EGP	Ägyptisches Pfund
HKD	Hong-Kong-Dollar
HUF	Ungarischer Forint
INR	Indische Rupie
KRW	Koreanischer Won
MXN	Mexikanischer Peso
NOK	Norwegische Krone
PLN	Polnischer Zloty
RUB	Russischer Rubel

SEK	Schwedische Krone
SGD	Singapore-Dollar
SKK	Slowakische Krone
THB	Thailändische Baht
TRY	Türkische Lira
TWD	Taiwan-Dollar
ZAR	Südafrikanischer Rand

Weitere wichtige Abkürzungen

XAG	Silber
XAU	Gold
XPD	Palladium
XPT	Platinum
XDR	Sonderziehungsrechte (Special Drawing Rights, SDRs)

Vorgänger des Euros (Auswahl)

ATS	Österreichischer Schilling
BEF	Belgischer Franc
DEM	Deutsche Mark
ESP	Spanische Peseta
FRF	Französischer Franc
GRD	Griechische Drachme
IEP	Irisches Pfund
NLG	Niederländischer Gulden
PTE	Portugiesischer Escudo
XEU	Vorläufer des Euros (1 XEU = 1 EUR)

Index

Über den Autor

Dennis Metz, geboren 1982, fand bereits in seiner frühen Jugend zu den Finanzmärkten. Nachdem er sich einige Jahre mit den Aktien- und Futures-Märkten auseinandergesetzt hatte, wandte er sich schließlich dem Devisenmarkt zu und handelt an diesem nun seit mehreren Jahren erfolgreich. Dennis Metz ist Autor des Buches *Devisenhandel – Profitieren von Dollar, Euro und Co.* Er ist ein gern gesehener Redner bei Vorträgen, und Beiträge von ihm wurden in mehreren Fachzeitschriften veröffentlicht.

Dennis Metz

Devisenhandel

240 Seiten, Hardcover
Preis € 34,90 (D), SFr 60,40
ISBN 978-3-89879-065-9

Der Devisenhandel ist seit Beginn des Börsenhandels eine feste Größe in der Welt der Profis. Keine Bank und kein Land kann seine Geschäfte ohne den Handel mit Währungen führen. Erst seit Kurzem stehen nun die Möglichkeiten dieser Handelsart auch dem privaten Investor zur Verfügung. Im ersten deutschsprachigen Werk zu diesem Thema steht der Autor Rede und Antwort und zeigt Schritt für Schritt auf, wie man vom Handel mit Währungen profitieren kann. Der Aufstieg des legendären George Soros zeigt deutlich, dass die Profitmargen im Devisenhandel enorm sein können.